重庆工商大学学术专著出版基金资助项目（631915008）
重庆工商大学央地共建项目（802/680217008）
重庆工商大学资本市场财务与会计研究项目（950618001）
重庆工商大学高层次人才科研启动项目（950318082）

准则弹性、会计信息可比性与企业融资成本

——基于2006年 "公允价值" 准则变更的经验证据

Accounting Standards Flexibility, Accounting Information Comparability and Enterprises Financing Cost

—— Empirical Evidence Based on the Change of "Fair Value" Rules in 2006

袁利华/著

中国财经出版传媒集团

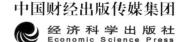

经济科学出版社
Economic Science Press

图书在版编目（CIP）数据

准则弹性、会计信息可比性与企业融资成本：基于
2006 年"公允价值"准则变更的经验证据／袁利华著．
—北京：经济科学出版社，2020.8
ISBN 978 - 7 - 5218 - 1822 - 2

Ⅰ.①准…　Ⅱ.①袁…　Ⅲ.①企业－会计准则－中国
②企业－融资－成本计算－中国　Ⅳ.①F279.23

中国版本图书馆 CIP 数据核字（2020）第 162317 号

责任编辑：杜　鹏　张　燕
责任校对：靳玉环
责任印制：邱　天

准则弹性、会计信息可比性与企业融资成本
——基于 2006 年"公允价值"准则变更的经验证据

袁利华　著
经济科学出版社出版、发行　新华书店经销
社址：北京市海淀区阜成路甲 28 号　邮编：100142
编辑部电话：010 - 88191441　发行部电话：010 - 88191522
网址：www. esp. com. cn
电子邮箱：esp_bj@163. com
天猫网店：经济科学出版社旗舰店
网址：http：//jjkxcbs. tmall. com
固安华明印业有限公司印装
710 × 1000　16 开　10.5 印张　180000 字
2020 年 12 月第 1 版　2020 年 12 月第 1 次印刷
ISBN 978 - 7 - 5218 - 1822 - 2　定价：59.00 元
（图书出现印装问题，本社负责调换。电话：010 - 88191510）
（版权所有　侵权必究　打击盗版　举报热线：010 - 88191661
QQ：2242791300　营销中心电话：010 - 88191537
电子邮箱：dbts@esp. com. cn）

前　言

2006 年新会计准则的颁布标志着我国会计准则在向国际会计准则趋同方面迈进了一大步。一般而言，会计准则的变更必然伴随着准则弹性的变化，而准则变更的初衷是更好地适应各时期企业经济业务特征，提高企业会计信息质量。我国于 2006 年颁布的新会计准则与国际会计准则保持基本趋同后，我国会计准则由原先的规则导向变为原则导向，整体表现为会计准则弹性的增加。那么，该弹性增加是否会提高企业的会计信息可比性呢？它又是如何传导至资本市场，并影响着债权人、投资者所要求的资金成本以及资本市场的资源配置呢？

本书拟把 2006 年新会计准则中公允价值计量属性替代部分历史成本计量属性这一准则弹性增加作为一个外生事件，研究准则弹性变化对企业会计信息可比性的影响，会计信息可比性对企业融资成本的影响，以及该弹性的增加是否通过影响企业会计信息可比性而降低了企业的债务融资成本和股权融资成本。经实证检验，我们得出以下三点研究结论。

（1）会计准则弹性增加可以提升企业的会计信息可比性。2006 年财政部颁布了新会计准则，并于 2007 年开始大范围执行和推广。这部新颁布的会计准则的最大特点是与国际会计准则保持了基本趋同，同时会计准则由规则导向变为原则导向，特别是公允价值计量属性的运用取代了部分历史成本计量属性，使得该部分的准则弹性增加。根据本书第 4 章的实证结论，可知该准则弹性的增加，提升了企业的会计信息可比性。另外，我们还考察了企业自身的特征以及外部制度环境对该实证结论的调节作用。首先，我们按会计信息提供者是否具有盈余管理动机进行了分组检验，发现当企业执行准则弹性较大时，具有盈余管理动机的企业，并没有显著提升其会计信息可比性，而不具有盈余管理动机的企业，其会计信息的可比性得到了较大提升。其次，我们按企业经济业务复杂度进行了分组，发现在企业经济业务复杂的情况下，较高的经济业务复杂性与偏弹性的准则更为匹配，即相对经济业务简单的企业，准则弹性的增加更能提升经济业务复杂企业的会计信息可比性。最后，我们按企业所在地区的法律制度环境水平高低进行了分组，发现公允价值计量属性取代部分历史成本计量属性这一准则政策变化对会计信息可比性的影响效果是有所差异的。研究发现，公允价值准则运用引起的弹性变化更能提升制度环境较好地区企业的会计信息可比性。

（2）会计信息可比性的增加降低了企业的债务融资成本和股权融资成本。在第5章中，为了进一步探究会计信息可比性与企业债务融资的关系是否受到其他因素的影响，我们还考虑了贷款违约预测可能产生的影响。研究发现，当企业存在较大违约风险时，银行等发放贷款单位将会更加重视会计信息可比性。也就是说，即便企业存在的债务违约风险偏高，会计信息可比性较高的企业其债务融资成本依然较低。再者，为了进一步探究会计信息可比性对企业股权融资的影响是否受到其他因素的调节作用，我们还考虑了股价崩盘风险这一影响因素。经分组回归发现，在不同程度股价崩盘风险下，会计信息可比性对企业股权融资成本的影响是有所差异的。也就是说，随着股价崩盘风险的提高，会计信息可比性对企业股权融资成本的负相关关系会减弱；随着股价崩盘风险的降低，会计信息可比性对企业股权融资成本的负相关关系会加强。最后，我们考虑了分析师预测精确度对企业债务融资成本和股权融资成本的影响。研究发现，具有解读和分析企业会计信息能力的分析师，面对较高会计信息可比性的企业，其分析预测精确度越高，企业的会计信息透明度就越高，债权人、投资者与企业之间的会计信息不对称得到进一步降低，并导致相应的债务融资成本和股权融资成本均有所下降。

（3）准则弹性增加通过提高企业的会计信息可比性在整体上降低了企业的融资成本，即会计信息可比性在准则弹性与企业融资成本之间发挥着中介效应。第6章在上述验证准则弹性提高企业会计信息可比性和会计信息可比性降低企业融资成本的基础上，通过进一步研究发现，准则弹性会对企业债务融资成本和股权融资成本产生影响，即准则弹性变大的时候，企业的债务融资成本和股权融资成本都会有所提高。这可能是由于随着准则弹性的增加，留给企业的盈余管理空间也随之增大，银行等债权人和股东（或投资者）考虑到企业会计信息质量的可靠性和所面临的风险，会提高相应的资金回报率，增加了企业的融资成本。此外，我们同时考虑准则弹性和会计信息可比性对企业债务（股权）融资成本的影响时，发现准则弹性通过提高会计信息可比性而间接地降低企业债务（股权）融资成本，即会计信息可比性在准则弹性与企业融资成本之间发挥着中介效应。

　　总体而言，虽然新会计准则的推进在一定程度上给企业带来了负面冲击，但追求价值最大化的企业会不断改善其会计信息可比性，并最终能降低企业的融资成本。这说明我国会计准则在保护投资者合法权益的同时，企业通过理性地运用会计准则也能改善会计信息质量，最终能够实现企业与投资者之间"双赢"的和谐局面，实现了会计准则变更的宗旨。然而，本书并不是认为准则弹性的程度越高越好，而是期望揭示在我国会计准则不断向国际会计准则趋同的背景下，会计准则弹性变化与企业会计信息可比性和融资成本存在的客观规律。根据上述研究结论，总结出本书的研究贡献主要体现在以下三个方面。

　　（1）本书拓展了发展中国家会计准则国际趋同后的经济后果研究。本书将准则弹性理论、会计信息可比性与企业融资成本纳入统一的分析范畴，建构了一个相对完整的分析框架，并立足于会计制度改革的背景，从动态角度深入考察会计准则变更前后我国会计准则弹性的变化，拓展了现有针对会计准则变更研究的范围。本书较为全面、系统地提供了来自发展中国家会计准则在国际趋同前后会计准则弹性变化的经验证据，考察在准则弹性变化之后上市公司会计信息可比性和企业融资成本的动态演化规律，从而拓展和深化了发展中国家会计准则国际趋同后的经济后果研究。

　　（2）本书定量研究了公允价值准则变更引起的准则弹性变化的经济后果。目前已有会计准则的文献较多，有关准则弹性方面的研究却相对少见，虽然部分学者尝试着将准则弹性变化纳入对盈余质量的分析框架中，但却被准则弹性计量所困，部分学者在衡量准则弹性问题时，都只是尝试用定性方法来度量，却忽略了准则弹性的定量分析，更未直接检验准则弹性对会计信息可比性的影响。另外，虽然已有部分学者考察了准则变化对资本市场决策有用性的影响，但是，对于以改善会计信息可比性为目标所导致的准则弹性变化以及该变化对资本成本可能带来的经济后果缺乏关注。本书选择 2006 年会计准则变更中比较具有代表性的一条会计准则为例，即公允价值计量属性取代部分历史成本计量属性，采用直接的数据统计分析方法度量出每一家企业层面的会计准则弹性大小，并纳入同一框架下分析准则弹性变化对公司会计信息可比性和企业融资成本的影响原理、路径和效果。这不仅能够使论证过程更为严谨，还深入探究会计准则弹性变化的经济后果，扩大有关会计准则弹性的研究范畴，有助于我们透彻厘清会计政策变更后准则弹性的变化对企业会计信息可比性及企业融资成本的影响机理。

（3）考察企业自身和外部等影响因素对本书研究结论的调节作用。本书除了考察会计准则变更后会计准则弹性的变化对企业会计信息可比性和企业融资成本的影响之外，还进一步检验了我国各公司的经济业务复杂度、盈余管理行为特征和各地区的法律制度环境与准则弹性的交互作用如何影响企业的会计信息可比性。即，检验准则弹性带来的经济后果还受到准则执行动机、企业自身经济业务特征和准则执行环境的影响。另外，本书还系统考察了企业自身的贷款违约预测和外部的分析师预测精确度，研究其与会计信息可比性的交互作用是如何影响企业的债务融资成本，以及考察了企业自身的股价崩盘风险、外部的分析师预测精确度与会计信息可比性的交互作用如何影响企业的股权融资成本。由于目前关于这类交互效应的研究文献尚比较缺乏，故本书能够在一定程度上弥补该领域缺乏实证检验的不足，同时，还有助于透彻厘清准则弹性的传导路径，从而提供更具针对性的经验证据。

作者

2020 年 5 月

Contents

目录

第 1 章
绪　论

1.1　选题的理论意义和现实价值

会计准则（accounting standards）是市场经济的重要规则，是会计区别于其他商业领域的重要标志（Dye and Sridhar，2008）；在会计领域，准则无处不在，无时不有。由于会计对象——经济业务的多样性（diversity）以及会计目标——会计信息的统一性（uniformity），在会计这一商业领域，指导其实施的会计准则就必然会在其弹性（flexibility）和统一性（uniformity）之间进行必要的动态平衡。自美国 1933 年《证券法》和 1934 年《证券交易法》颁布以来，会计准则弹性和统一性就已成为会计准则制定机构和会计实务界争论的焦点（Keller，1965）。随后，一大批财务和会计学者围绕这一问题展开了深入而系统的研究。弗林（Flynn，1965）在分析美国会计程序委员会（Committee on Accounting Procedure，CAP）会计研究公告（Accounting Research Bulletins，ARB）的基础上，考察了美国会计准则和会计实务的统一性（uniformity）、可比性（comparability）、多样性（diversity）和弹性（flexibility），并总结出准则弹性和统一性的原因，其中准则弹性的原因是为了便于不同企业描述其业务的多样性，准则统一性的原因则是为了保证各个企业之间财务信息的可比性。桑德（Sunder，2010）也总结出，通过成文准则（written standards）和权威机构的强制推行，在会计实务中对准则统一性的偏好是 20 世纪后 50 年财务报告的主旋律，但是在最近十年，会计准则的国际趋同和会计实务的国际协调已经成为财务会计准则委员会（Financial Accounting Standards Board，FASB）和国际会计准则委员会（International Accounting Standards Board，IASB）通力合作并探索准则弹性的重大战略目标。在此背景下，我们不难看出，在会计准则建立和发展的早期，会计准则制定的主旨是为了保持和提高会计准则的统一性，即规定得"越来越细"的规则导向（rule-based），但随着 21 世纪初安然、世通等重大财务舞弊案件的出现，人们则不断地反思美国规则导向会计准则的弊端，要求向以职业判断为主的原则导向（principles-based）过渡，所以国际会计准则发展趋势表现为会计准则整体弹性的增加。

会计准则弹性是会计准则允许财务报告的提供者在会计信息生产和披露过程中具有一定程度的主观判断或自由选择（胡成，2008）。会计信息可比性是指可以让使用者分辨出两家公司财务绩效之间是否存在相似或者相异的一项信息特征。FASB/IASB（2010）联合概念框架中提到，可比性是强化会计信息质量特征的四项重要特性之一。FASB（1980）更指出，提高财务报告的可比性是发展会计准则的主要原因。我国《企业会计准则——基本准则》（2006）在会计信息质量要求章节指出："企业提供的会计信息应当具有可比性。同一企业不同时期发生的相同或者相似的交易或者事项，应当采用一致的会计政策，不得随意变更。确实需变更的，应当在附注中说明。不同企业发生的相同或者相似的交易或者事项，应当采用规定的会计政策，确保会计信息口径一致、相互可比。"由此可以总结出，会计准则弹性客观存在，但是会计准则（弹性）变化的方向是为了更好地提升企业的会计信息可比性。

从我国 2006 年会计准则变更分析，随着经济全球化的发展，我国 2006 年颁布的《企业会计准则》向国际会计准则（IFRS）趋同，会计准则弹性也随之变化，从规则导向转为原则导向的新会计准则更符合企业经济业务处理需求，有助于提高企业会计报告的信息质量。从企业层面来看，会计准则弹性大小直接关系到企业会计政策和会计处理方法的选择，准则弹性可以为不同的经济业务提供足够的判断或者选择空间。但是，如果不同企业之间甚至同一企业对相同或者相似的经济业务使用的会计方法不同，那么就会干扰会计信息的可比性（葛家澍和王亚男，2011）。此外，会计信息可比性作为企业盈余质量特征之一，通常被银行和资本市场中股东和债券持有人所依赖。这是由于会计信息是缓解企业与外部投资者之间信息不对称的重要渠道，能够有效降低企业的融资约束水平（王琨等，2016）。也就是说，可比性较高的财务报告更有助于投资者做出明智的决策，而可比性较低的财务报告可能会使投资者走上歧途。所以，会计准则弹性对企业融资成本的传导途径可能来源于企业微观层面的会计信息可比性。

那么，在原则导向会计准则成为国际主流和会计国际化进程日趋加快的今天，从宏观视角（姜国华和饶品贵，2011）研究会计准则弹性，特别是会计准则弹性对企业的盈余质量以及与之关联的决策功能（陈信元等，2011；张先治等，2014）一直是财务和会计理论界应该解决而没有解决的一个基础理论和重大现实问题。鉴于此，首先，本书围绕 2006 年会计准则变更前后公允价值计量属性取代历史成本计量属性这一会计准则弹性差异，并结合企业管理层盈余管理行为和企业经济业务复杂度这两个公司层面的特征以及各地区法律制度环境这一宏观制度层面的特征，综合地考察准则弹性对企业的会计信息质量特征中"会计信息可比性"的影响；其次，本书还考察了会计信息可比性对企业融资成本的影响，特别结合了企业自身的贷款违约预测、股价崩盘风险和外部的分析师预测精确度等因素，验证了其对会计信息可比性与企业融资成本关系的调节作用；最后，本书还检验了会计信息可比性在准则弹性对企业的融资成本影响过程中发挥的中介效应。

1.1.1　选题的理论意义

根据上述分析，我们总结出本书研究的重要理论意义在于：（1）站在原则导向会计准则的理论视角，提出准则弹性变化，力争补充或弥补我国财务、会计理论在该领域的研究不足；（2）发现会计准则弹性与会计信息可比性关系的传导机制，综合企业盈余管理动机、企业经济业务复杂度和地区的法律制度环境，进一步分析这些内外在影响因素对本书研究的影响；（3）发掘会计信息可比性与企业融资成本之间的逻辑关系，结合贷款违约预测、分析师分析精确度、股价崩盘风险等，分析出其对本书研究结论的调节原理；（4）揭示会计准则弹性变化过渡到企业融资成本的路径，力争丰富或完善我国财务、会计理论在该领域的研究成果。

因此，本书研究的理论意义在于：有利于归纳和提炼我国会计准则变更经验，推动符合我国企业的准则弹性理论的发展；为国际会计准则趋同的理论发展提供增量贡献；拓展会计政策与微观企业行为的研究视角。

1.1.2　选题的现实价值

根据上述分析，我们总结出本书研究的重要现实价值在于：（1）安然事件等财务舞弊行为层出不穷，企业经济业务日趋复杂，迫切需要偏弹性的原则导向会计准则满足企业经济业务处理需求，提高企业会计信息质量。此外，会计准则弹性所导致的经济后果和现实影响仍需要会计理论界和实务界人士作大量研究，从而更好地优化会计准则的设计，提升会计信息质量。（2）结合金融危机的国际背景和我国转型经济时期的固有特征，本书研究具体考察准则弹性如何影响企业的会计信息可比性，以及发现如何通过影响会计信息可比性间接地影响企业签订契约的成本。（3）本书研究结论还有助于揭示我国在准则偏弹性的会计环境下，企业契约在谈判、签订和后续的执行、监督过程中是否有序公正、平等有效；可以缓解大众对偏弹性会计准则的误解，即并非运用了偏弹性的会计准则就表示该企业一定存在利润操纵、不利于契约签订等经济后果，降低大家对弹性会计准则的偏见。（4）本书研究具有预防企业不理性行为发生的现实价值，这对我国公允价值等弹性准则制定、运用以及相关监管政策的实施都可以提供重要的参考价值。

　　总而言之，本书研究的现实意义在于：从企业微观层面系统地考察准则弹性的经济后果，可以为指导我国会计准则改革以及企业执行偏弹性的会计准则提供经验借鉴，也能为债权人和投资者的投资决策提供参考。

1.2　国内外研究现状

1.2.1　会计准则弹性与会计信息可比性

1. 会计准则弹性

　　国外有关会计准则弹性的研究主要围绕会计准则的选择域来讨论和分析企业会计政策的选择、变更等企业行为。早在 1971 年，查斯汀（Chasteen）利用选择不同存货发出计价方法的美国企业样本，在总体上并未发现影响会计政策选择的企业特征差异。相反，与前述研究结论不同的是，尚克和科普兰（Shank and Copeland，1973）利用将直线折旧法变更为加速折旧法的美国企业样本，其实证检验的结果则支持了倡导会计准则弹性的公司特质理论（the corporate personality theory）。此后的 1982 年，利林和帕斯泰纳（Lilien and Pastena）再针对美国石油天然气公司研发成本会计处理的完全成本法（full cost）和成功努力法（successful efforts），其实证检验的结果发现，经济动因确实影响了会计政策的选择，从而支持反对会计准则弹性的创新弥漫理论（the diffusion of innovation theory）。近期学者则更加关注会计准则变更后的经济后果。贾马尔和谭（Jamal and Tan，2010）以及康和林（Kang and Lin，2011）针对不同会计准则导向类型的实验研究发现，管理层在会计准则弹性较小的规则导向准则下，其采取激进财务报告方式的可能性更大，因为规则导向准则下准确的数量标准为其提供了达到目标的具体指导，相反在会计准则弹性较大的原则导向准则下则没有出现类似的现象。近期国外学者也有关注准则变化对企业投资决策的影响。什罗夫（Shroff，2016）以 1997～2007 年 49 条强制性会计准则变化为出发点，剖析公司投资与会计准则（Generally Accepted Accounting Principles，GAAP）变化的相关关系，并把 GAAP 变化前后所有者权益（净资产）变化所产生的累计效应（cumulative effect）作为准则变化的替代变量，其研究发现，GAAP 变化会通过改变管理层的信息集，进而影响管理层的投资决策，特别是资本投资和 R&D 投资。金姆（Kim，2016）探讨了会计准则弹性对经理人预测和增发新股（SEOs）行为的影响，其研究发现在会计准则弹性较大的情况下，管理层更可能先发布一个包含积极信息且具体详细的预测报告，再进行增发新股（SEO）。

相对而言，国内学者有关准则弹性的研究起步较晚，直接相关研究相对更少。王跃堂（2000）介绍了美国会计准则制定中的经济后果学说，分析了我国准则制定机构应如何适应市场经济环境以应对准则经济后果的挑战，同时该文还指出，对会计准则的执行情况进行调查，对将要出台的会计准则可能产生的经济后果进行预测，不失为提高准则制定质量的有效途径。席彦群等（2003）在分析寻租活动负外部性的基础上，指出，会计政策选择域的存在不仅体现了各利益集团对于会计准则制定权的寻租结果，而且为各相关利益集团进行会计政策选择的第二次寻租提供了可能。洪剑峭和娄贺统（2004）利用博弈分析方法，对会计准则导向的选择和会计监管之间的关系进行了理论分析，其结果表明，在相对会计监管较弱的环境中，选择规则导向的会计准则，限制企业管理层的会计选择空间，将能促使企业管理层的如实报告行为，提高会计信息可靠性的基本质量特征。韦芝菊（2005）联系经济活动的不确定性，论证了会计制度弹性的必然性，同时指出，为了保证准确、科学的会计职业判断，必须首先从会计主体素质入手，多途径培养和提升会计人员的职业判断能力。刘浩和孙铮（2005）从新制度经济学的企业所有权理论出发，对会计准则的产生及其制定权的归属提出了经济解释。该文指出，会计准则的产生与制定权的归属缘于降低交易费用的需要；为了遏制经理的"特定控制权收益"，政府拥有会计准则制定和变更的权利，而经理仅拥有在会计准则框架内做出会计判断的权力。胡成（2011）提出，会计准则弹性具有不同的表现类型，但却有着一些相似的地方，即会计准则弹性在本质上是一个给予了管理者、会计准则制定者、审计师、会计信息使用者甚至法院等会计信息披露或者使用者一定权利的产权空间。但是这些产权主体之间存在着相互制约，共同影响着会计信息的报告及其经济后果。叶建芳等（2009）基于新会计准则下上市公司金融资产分类，研究该空间政策弹性提供的会计政策选择空间与企业管理层动机和盈余管理行为的相关关系。李刚等（2011）在我国会计准则向国际会计准则趋同的背景下，考察了会计准则从规则导向转变为原则导向，一方面能够更好地适应复杂经济交易的账务处理需求，另一方面也使会计准则中职业判断的比重上升，即原则性描述基本替代了之前明细的标准，这使新会计准则的实施更加困难。对此，高利芳和曲晓辉（2011）针对全球各国的会计准则向国际会计准则（IFRS）趋同后所面临的准则执行问题，提出契约理论、嵌入性理论、寻租理论、演化理论、博弈理论、认知理论和社会规范遵从理论等，有助于了解会计准则在实际运用中可能存在的不足，并且这些理论之间存在特定的关联性，总结其主要观点可以据此构建一个会计准则执行的理论解释框架，并能用于分析会计准则执行要素及预测其执行效果。胡成（2011）认为，会计准则弹性的优化，不但可以发挥出会计工作人员的职业判断，以此增加财务信息的透明度，又能降低管理层的机会主义行为，甚至降低交易成本。其认为可以根据会计准则弹性的性质与成因差异，分别采取整体优化和分类优化相结合的方法来平衡会计准则弹性。张先治和于悦（2013）构建了一个描述会计准则变革、微观企业财务行为与宏观经济发展之间相互关系的研究框架，并重点探讨了三者之间存在的传导效应和循环机理。

综上所述，国内外学者已开始探索会计准则弹性变化的经济后果，但尚未找到准则弹性变化的替代变量，本书的后续研究对此做出了创新性的探索。

大多数国内外文献主要从会计准则选择域视角来研究准则弹性，主要为了洞察微观层面会计政策选择和变更的企业特征与经济动因；或者在内容上宏观地拓展准则弹性方面的研究，围绕准则弹性导致的企业行为变化和经济后果或规则导向会计准则向原则导向会计准则的过渡以及与此关联的国际财务报告准则的采用等宏观问题，但是均并未深入到每一家企业微观层次所拥有的准则弹性，以及该准则弹性大小的定量分析、经济后果等。

2. 会计信息可比性

通过对已有文献梳理可知，由于会计信息可比性指标度量的限制，有关会计信息可比性的研究在近几年才开始发展起来，研究方向主要可以划分为两类，即可比性的决定因素与经济后果。

第一，会计信息可比性的决定因素。例如，会计准则的改变是否会影响会计信息可比性。朗等（Lang et al.，2010）研究发现，公司在采用 IFRS 之后，不仅这些国家之间的可比性会增加，同时，巴斯等（Barth et al.，2012）也认为可以提高采用 IFRS 的国家与美国之间的可比性。有一些研究还探讨了会计师与可比性之间的关系。会计信息可比性除了与会计准则规范有关外，还与整体社会的机制、动机有关，如审计人员对会计信息可比性的影响。由于从同一家"四大"会计师事务所出具的审计报告的可比性会比从两家"四大"会计师事务所出具的审计报告更具有可比性；同时，由于"四大"会计师事务所有较多的资源与较大的动机进行审计的管控，因此同一家"四大"会计师事务所审计的可比性会大于同一家非"四大"会计师事务所的可比性（Francis et al.，2014）。此外，由于 IFRS 是以原则性为基础的会计准则，因此将会要求审计人员投入更多的判断。这一特性，将会让各所在查核委托人时产生标准化的审计程序，也因为如此，可能会加重"四大"会计师事务所之间的产品差异性或者比较性。

第二，探讨会计信息可比性的经济后果。同一产业内的盈余可比性可以增加分析师的报告人数，并提高分析师预测的正确性，同时也会降低分析师预测的分歧性，也可以避免分析师预测时过于乐观的情况（Bradshaw et al.，2011；De Franco et al.，2011），随后金姆等（Kim et al.，2013）检验了可比性对债券市场参与者对公司信贷风险的评估。金姆等（Kim et al.，2016）运用德弗朗哥等（De Franco et al.，2011）的计算可比性指标，研究发现财务报告可比性可以消除市场对坏消息和好消息的非对称披露。这意味着，财务报告可比性使管理层藏匿坏消息的兴趣降低，进而降低了投资者对该公司预期风险的感知。还有研究发现随着公司相对于其他公司的可比性降低，其应计盈余管理减少了，但会导致管理层的真实盈余管理增加（胥朝阳和刘睿智，2014）。另外，研究发现，面对更高盈余可比性的公司的机会主义行为从应计盈余管理向真实盈余管理逃脱，但随着公司信息环境或者审计质量的提高而减轻。这也是本书研究要进一步考察企业盈余管理行为对研究结论调节作用的原因之所在。

3. 准则弹性与会计信息可比性

（1）理论分析现状。

目前，针对准则弹性与会计信息可比性的直接研究相对较少，部分研究主要着眼于国际会计准则（IFRS）的实施与企业可比性的关系。戴伊和韦雷基亚（Dye and Verrecchia，1995）运用代理理论框架分析了弹性的会计准则是否比刚性的会计准则能更好地反映一个企业的财务业绩。在他们的研究中，两类不同类型会计准则的差异主要是对费用确认上的自由度大小。他们的研究结果表明，在不存在代理问题的情况下，由于弹性的会计准则允许公司选择更能忠实地反映其经济业务的会计程序，因而弹性的会计准则比刚性的会计准则更能导致不同公司之间会计信息的可比性；相反，在存在现有股东与经理之间的内部代理问题以及现有股东与潜在股东之间的外部代理问题的情况下，代理问题则可能会抵消弹性会计准则在理论上的好处。最后，他们指出，只有公司的报告盈余忠实地代表了其经济业务的时候，才达到了不同公司之间会计信息的可比性。

目前，针对国际会计准则的实施与企业会计信息可比性关系的研究较多，随着经济全球化的发展，各国会计准则也在向着国际会计准则趋同，而现有研究表明国际会计准则可以增加企业会计信息之间的可比性。为了调和各国会计准则上的差异，欧盟 1606/2002 号法规（又称 The IAS Regulation）要求所有上市公司自 2005 年起采用国际会计准则编制合并财务报表。该法规指出，实施国际会计准则的目的为：首先，提高财务报告质量，特别是提高财务报告的信息透明度与可比性；其次，降低资金成本，将稀缺资源做最有效的配置，由于投资者可以以较低的交易成本获取更多的信息，因此可以降低权益或者债务市场的资金成本。此外，由于各公司可比性的提高，可以降低逆向选择的情况，使资金供给者以有限的稀有资源做更有效的配置。另有研究表明，海外的互助基金会增加对这些采用 IFRS 国家的投资（De Franco et al.，2011）。总之，随着资本市场的国际化，使用一套放之四海而皆准的国际准则，已经逐渐引起政府、实务界和学术界的支持。另外，布吕格曼等（Bruggemann et al.，2013）认为促进总体经济成长及有效资金的配置，可以进一步促进总体经济的有效成长，如促进经济增长或提高就业率等。

（2）实证检验现状。

同样有关准则弹性和会计信息可比性的实证检验文献也较少，绝大部分研究依然集中在国际会计准则趋同与会计信息可比性相关关系的研究上。朗等（Lang et al.，2006）针对美国证券交易委员会（SEC）允许非美国公司在美首次上市时，对复杂的递延税及养老金事项等可以有较大的会计处理弹性，其实证检验的结果表明，与美国公司的盈余比较，非美国公司的盈余平滑度和基于特定目标的盈余管理倾向更高，同时其盈余与股价的相关性和损失确认的稳健性更低，特别是那些来自投资者法律保护程度差的国家的公司则更是如此。由此，该文认为，非美国公司与美国公司在盈余上不存在可比性的原因不应该是准则弹性的差异，而应该是会计准则的执行环境不同。

在国际会计准则与盈余可比性的研究思路主要沿着"使用 IFRS 所编制的财务报表与会计信息，具有较高的信息透明度与可比性，因而具有较高的质量特性"思路进行的，实证研究已经对此有所验证。例如，IFRS 实施之后，各国之间的财务报表可比性增加了（Yip & Young，2012）；非美国公司在采用 IFRS 之后，他们的财务报表与美国公司之间的可比性也明显提高了（Barth et al.，2012）。还有学者以英国上市公司为实验样本，发现在实施 IFRS 之后，内幕交易所引起的市场反应较小，主要原因有两个：一是盈余质量提高；二是会计信息可比性增加。并认为，英国在实施 IFRS 之前会计准则就很接近 IFRS，因此，这一结果应该是来自可比性（Brochet et al.，2013）。例如，朗等（Lang et al.，2010）使用两种方法衡量可比性，结果发现，在实施 IFRS 之后，其中一个可比性方法，会增加分析师报告的数量与精确度，但另一个反而会降低。廖等（Liao et al.，2011）发现，IFRS 在实施当年，可比性是增加了，但是之后却降低了。因此，整体而言，有关 IFRS 可以增加可比性或信息透明度的说法，在实证结果上虽然并非完全获得支持，但得到部分学者验证。

由于会计信息可比性度量方法的约束，国内有关会计信息可比性的研究在近几年才有了较大的发展，而有关我国会计准则与会计信息可比性的研究依然较少，目前仅发现一篇。袁知柱和吴珊珊（2017）通过测度了 2002～2012 年我国上市公司会计信息可比性值，并对测度结果进行了有效性检验，考察了我国 2007 年实施的新会计准则是否提升了会计信息可比性。研究发现，新会计准则实施初期会计信息可比性没有显著变化，而当实施进入成熟期后会计信息可比性有显著提升。

（3）实验研究现状。

由于准则弹性的计量难度以及部分历史档案数据的难以取得，目前有关准则弹性的文献较少。为了实现准则弹性研究结果的预测价值，在国外很早学者就开始尝试了关于准则弹性的实验研究。例如，兰弗洛（Rentfro，2000）以美国公司财务报告的提供者为受试对象，运用实验方法研究了会计准则弹性和会计信息可比性之间的关系，其实验结果表明，根据弹性大的会计准则所做出的财务报告决策，其会计信息的可比性要小于根据弹性小的会计准则所做出的财务报告决策，由此经验地支持了会计准则弹性大将导致会计信息更不可比的传统会计理论。

通过以上文献来看，我们总结准则弹性与会计信息可比性的相关关系如下：会计准则的变更大多数情况下是有利于提高会计信息质量的，包括会计信息可比性在内；目前会计准则变更是向着原则性导向进行的，即准则更为偏弹性。会计准则变更后，特别是向国际会计准则保持趋同后，会计准则弹性增加，会计信息可比性也得到进一步的提升。

1.2.2 会计信息可比性与企业融资成本

1. 债务融资成本

国内外学者对债务融资的研究主要集中在实证研究领域，并且研究角度差异较大。陈晓和单鑫（1999）研究发现，长期财务杠杆与上市企业的加权平均资本成本、权益资本成本存在显著的负相关关系，但短期财务杠杆则对资本成本没有显著影响；企业的规模则与资本成本成正相关关系；总体而言，行业因素对资本成本无显著影响。汪辉（2003）通过一系列的理论分析和实证检验，考察了上市公司的债务融资与公司市值、公司治理水平的相关关系，发现我国上市公司债务融资占总资产的比例不高；从整体上分析，债务融资可以加强公司治理、提升公司市值，但是对于资产负债率（LEV）非常高的部分公司除外；对发行债券的公司，市场有较为积极的反应；另外，债务融资可以传递公司业绩，对资本市场发挥了信号作用。廖理和朱正芹（2003）针对我国上市公司首次公开募股（IPO）后资本成本（包含股权和债务融资成本）进行了检验，研究发现，从上市公司所有者权益方面分析，股权融资成本高于债务融资成本。李广子和刘力（2009）从债务融资成本的角度研究了民营上市公司面临的信贷歧视问题。研究发现，上市公司如果被民营化后，其债务融资成本就会增加；在横向上看，非民营上市公司与民营上市公司相比承担了更低的债务融资成本；在纵向上看，在样本期间内，民营公司面临的信贷歧视问题并没有得到显著的解决。陈汉文和周中胜（2014）考察了内部控制质量对企业债务融资成本的影响。实证结果发现，企业内部控制质量越好，所获取的银行债务融资成本越低。

2. 股权融资成本

国内外学者有关股权融资的研究路线是沿着融资成本度量模型和融资成本的影响因素等方向进行的。格布哈特等（Gebhardt et al.，2001）构建了一个股权投资成本的剩余收益贴现模型，该模型是一个反映资本成本的市场模型，后续被很多学者引用。曾颖和陆正飞（2006）通过采用剩余收益模型的方法来获取每家上市公司的股权融资成本，再用盈余披露质量与披露总体质量这两个指标综合代表上市公司的信息披露质量，检验这些上市公司的信息披露质量与其股权融资成本之间的相关关系。最终研究发现，在控制一些关键因素的条件下，如果样本公司信息披露质量越高，其边际股权融资成本就越低，这表明我国上市公司的股权融资成本会受到信息披露质量的积极影响。此外，他们还发现样本公司股权融资成本主要受到披露总体质量和盈余平滑度这两个主要信息披露质量特征的影响。支晓强和何天芮（2010）利用是否发生财务重述来衡量强制信息披露质量，利用构建的自愿信息披露指数来衡量自愿信息披露质量，考察了信息披露质量与权益资本成本的关系。研究发现信息披露质量高的公司具有较低的权益资本成本。曹书军等（2012）对上市公司审计行为与权益资本成本之间的关系进行了实证检验。检验结果表明，高质量的审计有利于降低公司的权益资本成本，被出具非标意见的上市公司有着较高的资本成本，这一关系在小公司中表现得更加明显。晏艳阳等（2008）研究发现，信息披露质量对股权融资成本有滞后影响，股权融资成本与往年信息披露质量负相关，与当年信息披露质量有正相关关系。叶陈刚等（2015）基于重污染上市公司的经验数据，考察了外部治理在股权融资成本和环境信息披露关系中的作用。根据检验结论可知，环境信息披露质量与企业的外部治理水平正相关，而环境信息披露质量越高，其股权融资成本就越低，均可以通过提高政府环境监管水平、行业监管法律水平、媒体监督、政府环境补贴以及外部治理水平等环境信息披露显著降低股权融资成本。

另外，还有部分国内学者从投资保护等方面对股权融资的影响机理做了探索。叶康涛和陆正飞（2004）运用多元线性回归模型分析出中国上市公司股权融资成本主要受到哪些因素的影响。其研究结果表明，虽然股票 β 系数是股票成本最为主要的影响因素，但其他变量（如企业规模、资产负债率、账面市值比率等）也是影响企业股权成本的重要因素。姜付秀等（2008）从投资者保护的视角研究发现，我国上市公司的股权融资成本与投资者利益保护呈显著的负相关关系。他们认为，保护公司投资者的利益不仅仅有利于公司进行外部融资，对降低公司的融资成本也具有一定的实际意义。布拉德肖等（Bradshaw et al.，2006）通过建立一个全面的和简洁的衡量企业融资活动模型，发现企业的融资和未来的股票收益、未来盈利能力之间负相关。蒋琰和陆正飞（2009）研究中国上市公司的治理机制对股权融资成本的影响。研究发现，股权融资成本确实与董事会治理机制负相关，而股权融资成本与中国特色的控股机制正相关。研究还发现，尽管股权融资成本与单一治理机制的相关性不太确定，但其与公司综合治理机制却显著负相关。哈桑等（Hasan et al.，2015）研究了公司生命周期与股权融资成本的相关关系。研究发现，在公司处于衰退期的时候，股权融资成本较高；在公司处于成长和成熟阶段时，股权融资成本较低。另外，当控制了公司其他特征变量和其他未观测到的同质性，且留存收益作为总资产的一个组成部分时，股权融资成本会降低。丹等（Dan et al.，2016）检验了客户集中度风险和股权融资成本的关系，研究发现，客户集中度会增加供应商的风险，也就会导致更高的股权融资成本。

3. 会计信息质量与企业融资成本

部分学者直接从会计信息可比性出发，研究了会计信息可比性与企业融资成本的相关关系。金姆等（Kim et al.，2016）认为，会计信息可比性可以消除市场对坏消息和好消息的非对称披露。这意味着，财务报告可比性使管理层藏匿坏消息的倾向性降低，进而降低了投资者对该公司预期风险的感知，所以与风险成正比的融资成本也会降低。关思宁（2014）认为，会计报告的外部使用者在做信贷决策和投资决策时，往往会在不同公司间进行对比，因而只有公司间会计信息达到了可比才能够减少信息外部使用者查找、分析的成本。但是，会计准则对一些经济业务如存货、折旧的提取等在处理方法上留给公司一定的选择空间（也就是本书所指的准则弹性）。这种空间使得企业可根据自身状况去选择不同的会计处理方法，但难免某些企业为了提高利润、扭亏为盈而有意地选择处理方法，这种做法肯定会降低企业所披露的会计信息可比性，影响了外部使用者投资判断的准确性，进而提高了资本成本。这表明准则弹性变化会通过影响企业之间的会计信息可比性进而影响企业的融资成本。在此过程中，企业管理层的盈余管理行为也发挥着关键作用。其他大多数学者基本集中在会计准则变更与企业融资成本或者会计信息质量与企业融资成本的研究领域，只能间接地看出准则弹性、会计信息可比性与企业融资成本之间存在的相关关系。

此外，还有学者从涵盖了会计信息可比性的会计信息质量出发，探讨会计信息质量对企业融资成本的影响。燕玲（2013）以新会计准则的颁布为背景，从债务期限结构和债务融资成本两个方面系统回顾了有关会计信息影响债务融资的研究成果，为深入分析会计准则变革带来的会计信息质量变化对银行债务融资的影响提供了基础。李刚等（2015）认为，会计信息质量影响着公司契约，并考察了会计信息可比性作为重要的会计信息质量特征对企业债务融资合约的影响。其依据德弗朗哥等（De Franco et al.，2011）计算可比性的度量方法，实证检验发现，较高的会计信息可比性增加了融资规模，降低了融资成本，债务融资合约可修正性影响上述关系的显著性，银行借款的显著性弱于债券融资。其研究结论对会计信息质量与债务合同关系研究的拓展，也为上市公司外部融资时财务报表可比性的经济后果提供了证据和启示。王琨等（2016）认为，会计信息是缓解公司与外部投资者之间信息不对称的重要渠道。并认为高质量的会计信息可以显著地降低公司的融资约束水平。但是，只有当公司所面临的偿债风险相对较低时，会计信息质量的提升才可以缓解企业的融资约束，显著降低企业的融资成本。具体而言，仅对于业绩相对较好、所有权性质为国有、业绩比较稳定以及公司所在地区法制环境较好的公司样本中，上述会计信息质量对企业融资约束的影响才成立，而对于偿债风险比较高的公司，会计信息质量对企业融资约束并没有显著影响。

1.2.3　准则弹性、会计信息可比性与企业融资成市

会计准则变更的根本目的是提高会计信息质量，其中可比性是一个很重要的会计信息质量特征，并会直接影响到资本投资者情绪。根据我们对已掌握文献的梳理发现，与准则弹性、会计信息可比性和企业融资成本三者同时直接相关的已有研究成果相对较少，现有研究主要集中于会计准则与企业融资成本之间的关系上。例如，希利和帕勒普（Healy and Palepu，1990）针对债务契约中股利限制条款的实证研究发现，为避免违反债务约束条款，企业削减了股利而不是变更了会计政策，说明以会计数据为基础的债务约束能降低股东和债权人的利益冲突，企业并没有针对弹性会计准则提供的选择域来机会主义地加以利用。相反，斯威尼（Sweeney，1994）利用年度报告中披露的债务违约的上市公司数据，其实证检验的结果发现，接近债务违约的企业采用了增加当期利润的会计政策变更，其会计政策变更的决定因素是违约成本和准则弹性。

其他相关文献主要集中在会计准则变更上，并未直接涉及会计准则弹性变化，所以我们主要梳理了以下相关文献。例如，王和威尔克（Wang and Welker，2011）从股权再融资的视角，利用澳大利亚和欧洲上市公司的数据，实证检验了国际财务报告准则的采用与股权再融资的关系，其结果表明，国际财务报告准则采用之前三年股权再融资的概率和规模都显著降低。弗洛若等（Florou et al.，2012）针对国际财务报告准则的采用与机构投资者的股权

需求，利用多国上市公司的数据，研究发现，对于强制采用国际财务报告准则的公司而言，国际财务报告准则的采用确实能吸引机构投资者，机构投资者的持股数量进一步上升，其集中度主要表现在那些进行主动投资、价值投资和增长投资的投资者之中，并且准则执行效果较好的国家更为明显。汪祥耀和叶正虹（2011）通过我国上市公司披露年度财务报告的新准则实施前后两个年度数据，考察股权资本成本是否受到新准则的执行的影响，根据研究结论可知，由于新会计准则的实施，我国资本市场的资本成本在整体上有所下降。高芳和傅仁辉（2012）以我国 A 股上市公司为研究对象，首次实证检验了会计准则改革后资本市场的变化。研究结论显示，会计准则改革使得股票流动性显著增强，上市公司的权益资本成本也得到显著下降，企业价值得到了提升，这与丹斯克等（Daske et al.，2008）的研究结论基本一致。张（Zhang，2013）从公司总体角度来看会计准则变革，其研究发现，会计准则变更使得会计计量偏差减小，进而投资者可以更为精确地估算企业未来现金流，那么投资者所面临的系统风险更低，其所求的资本成本就更低。从股票流动性的角度来看，会计准则变革能够提升信息披露质量，降低信息不对称，增加股票流动性，进而降低资本成本。

部分学者同样分析了企业会计准则的国际趋同与企业债务融资成本的相关关系。克里斯滕森等（Christensen et al.，2009）针对英国 GAAP 向 IFRS 过渡前的利润趋同公告，考察了会计准则变革对债务契约执行过程的影响，发现英国与国际会计准则（IFRS）的趋同对企业违反债务契约的可能性产生影响，并在市场上产生了显著的反应，进而导致投资者和债权人之间财富的重新分配。祝继高等（2011）检验了会计准则变更后，合并报表中的净利润是否会对银行信贷决策有用性产生影响。根据检验结论可知，新会计准则下债务契约与合并报表净利润的相关性降低，特别是合并利润表中公允价值变动损益多的这类公司更明显。金姆等（Kim et al.，2011）研究了自愿采用 IFRS 对国际信贷市场中贷款合同条款和贷款所有权结构的影响，发现自愿采用 IF-RS 的公司贷款利率降低，有利的非价格条款增加，限制条款减少，且国外贷款者的比例增加。张先治等（2014）认为，会计准则变革影响会计信息在债务契约中的有用性，进而影响企业债务契约的效率，并且这种影响也是双重的。一方面，新会计准则中公允价值的引入增加了与主营业务无关的暂时性收入，使得利润波动增大，降低了债权人所关注的会计利润对企业未来盈利的预测能力，从而使会计信息的契约有用性下降；另一方面，资产减值损失不得转回、合并报表范围扩大等，降低了利润波动，提升了会计利润与未来盈利能力的相关性，增加了会计信息的契约有用性。

1.3　研究路径和研究内容

1.3.1　研究路径

从我国会计准则变更趋势来看，1992 年，我国财政部颁布了首份《企业会计准则》，标志着中国会计改革已正式步入会计国际化的发展历程。随后，我国会计准则的改革步伐逐步加快，后于 1998 年前后出台了十六项具体会计准则，其后又于 2000 年颁布了《企业会计制度》，此后于 2006 年又颁布了一项基本准则和三十八项具体会计准则，2014 年以来我国财政部又出台了几条新的具体会计准则并修改了 2006 年的部分会计准则。尽管如此，与本书研究直接或间接有关的准则弹性变化研究却一直未能引起我国学者的广泛关注。由于 2006 年会计准则变更是近十几年中变化最大、影响最普遍的一次会计准则改革，因此，本书研究主要基于 2006 年的会计准则变更，来探讨我国会计准则的弹性变化及其经济后果。

本书研究的路径是：围绕 2006 年会计准则变更中公允价值计量属性取代历史成本计量属性引起的会计准则弹性变化，从理论和实证层面厘清 2006 年会计准则变更后准则弹性的变化特点、对企业会计信息可比性的影响机理，以及对企业融资成本的作用机制。另外，本书研究特别考虑了企业经济业务复杂度、盈余管理行为和制度执行环境的情形，即因准则弹性变化而引起管理层的盈余管理行为、准则弹性与经济业务复杂度的配比程度以及制度执行环境对弹性准则执行状况的干预是如何共同影响会计信息可比性这一经济后果；本书研究还特别考虑贷款违约预测、分析师分析精确度、股价崩盘风险等因素对会计信息可比性与企业融资成本关系的调节作用。同时，在理论、实证和实验结论及其启示的基础上，本书研究还将站在准则制定和市场监管的高度来设计和提出完善我国会计准则与规范企业、市场和监管行为的政策措施与契约安排。

1.3.2 研究内容

本书拟在梳理国内外现有文献的基础上，采用从政策梳理、机理推导到实证检验和政策建议的研究思路，运用规范研究与实证研究相结合的方法，深入、系统地研究 2006 年我国会计准则发生强制性变更之后，会计准则向国际会计准则基本保持趋同，会计准则由原先的规则导向变更为现在的原则导向，部分会计准则的弹性也随之增大，这些变化对会计信息可比性和企业资本成本的影响。本书拟重点以公允价值计量属性替代了部分历史成本计量属性为例，深入研究该条准则的弹性变化对每一家上市公司带来的不同准则弹性空间（公司层面的准则弹性）和不同程度的影响力，以及该准则弹性变化对每一家上市公司会计信息可比性产生的影响，最终对企业融资成本的传导路径。根据上述研究思路，全书共分成七部分，研究内容具体如下所示。

第 1 章：绪论。本章主要陈述本书研究的理论意义和现实意义、国内外研究现状、研究内容、研究方法、研究框架、研究的特色与创新等。其中，在国内外研究现状部分主要使用规范的文献综述方法，针对会计准则变革、准则弹性、会计信息可比性和企业股权融资、债务融资等领域对国内外研究文献进行了梳理，厘清不同领域的相关研究主题与研究结论。在评述这些研究领域文献的基础上，提出本书的研究主题。

第 2 章：会计准则变更路径及准则弹性变化。本章主要围绕国际会计准则变更路径及准则弹性变化规律、我国会计准则变更路径及准则弹性变化规律和我国公允价值会计准则变化路径及准则弹性变化规律三个方面进行了政策梳理，并总结了各政策变化对准则弹性的影响，为后文准则弹性的定义和度量奠定了基础。

第 3 章：基本理论支持。本章围绕企业契约理论、会计信息质量理论、准则导向理论以及企业融资理论进行了概述，为后文的实证研究部分提供理论依据。

第 4 章：准则弹性与会计信息可比性。2006 年会计准则变更带动了准则弹性的变动，并以公允价值计量属性取代历史成本计量属性为例，分析其对企业会计信息可比性影响的基本原理和路径。另外，我们还结合会计信息提供者的动机、企业经济业务复杂度以及企业所在地区的法律制度环境对每一家企业在会计准则执行过程中的影响，并基于准则弹性变化的性质特征，发现了不同条件下会计准则弹性变化对会计信息可比性影响的差异。

第 5 章：会计信息可比性与企业融资成本。本章主要基于会计信息的契约有用性，检验会计信息可比性对上市公司债务融资成本和股权融资成本的影响。通过实证检验会计信息可比性对企业融资成本的作用，发现会计信息可比性的增加可以降低企业的债务融资成本和股权融资成本。此外，我们还考察了会计信息可比性影响企业债务融资成本或股权融资成本过程的调节因素，比如企业的贷款违约预测、股价崩盘风险和分析师分析精确度，有助于我们进一步发现不同外部变量作用于会计信息可比性时，企业的融资成本是如何变化的。

第 6 章：准则弹性、会计信息可比性与企业融资成本。本章主要实证检验会计信息可比性在准则弹性与企业融资成本之间发挥的中介效应。本章主要是依据第 4 章的结论，即会计准则弹性增加提高了会计信息可比性，和第 5 章的研究结论，即会计信息可比性增加降低了企业的融资成本。进而，我们总结出一条传导路径：会计准则弹性增加——会计信息可比性提高——企业融资成本降低，即准则弹性变化提高企业间会计信息可比性，降低了企业的信息不对称，进而降低了企业的融资成本。

第 7 章：研究结论与展望。总结全书的研究结论，并指出本书的研究创新和可能贡献，从会计制度的制定者和执行者等角度提出相关政策建议，最后指出本书研究存在的不足之处和未来可以进一步深入研究的方向。

1.4　研究方法和研究框架

1.4.1　研究方法

本书研究从会计政策变更出发，采用从逻辑推理到实证检验、大样本统计检验、再到策略建议的逻辑思路，综合运用定性与定量研究方法，系统、深入地考察会计准则弹性变化、会计信息可比性和企业融资成本之间的传导机理以及企业内、外部影响因素的调节效应。在此过程中运用到的研究方法主要包括规范研究与实证研究。在描述研究问题、理论分析和提出政策建议时用到了规范研究；主体部分的三章使用实证研究方法，且综合运用双重差分（DID）回归、多元线性回归、中介效应检验、因素分析等具体方法。

1.4.2　研究框架

本书的研究思路如下：准则弹性的增加可以提升会计信息可比性，且在企业管理层是否具有盈余管理动机、企业经济业务复杂程度、会计准则执行的法律制度环境等不同的内外部条件下有所差异；提高会计信息可比性可以降低企业的融资成本，且受到企业贷款违约预测、企业股价崩盘风险以及分析师预测精确度的调节作用；会计信息可比性在会计准则弹性与企业资金成本之间的中介效应，使得会计准则弹性在整体上降低了企业的资金成本。具体路线如图1.1所示。

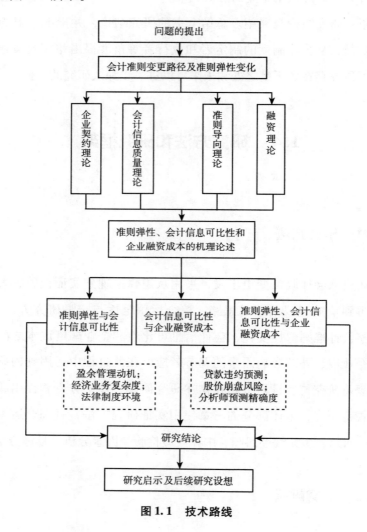

图1.1 技术路线

1.5 本书的特色与创新

根据本书的研究路径和研究内容，我们总结出本书的研究特色和创新，主要体现在以下三个方面。

（1）本书拓展了发展中国家会计准则国际趋同的经济后果研究。本书将准则弹性理论、会计信息性可比性与企业融资成本纳入统一的分析范畴，建构了一个相对完整的分析框架，并立足于会计制度改革的背景，从动态角度深入考察会计准则变更前后我国会计准则弹性的变化，拓展了现有针对会计准则变革的相关研究。本书较为全面、系统地提供了来自发展中国家会计准则在国际趋同前后会计准则弹性变化的经验证据，特别考察在准则弹性变化之后上市公司会计信息可比性和企业融资成本的动态演化规律，从而拓展和深化了发展中国家会计准则国际趋同的经济后果研究。

（2）本书定量探讨了公允价值这一准则弹性变化的经济后果。目前已有会计准则的文献较多，有关准则弹性方面的研究却相对少见，虽然部分学者尝试着将准则弹性变化纳入对盈余质量的分析框架中，但却被准则弹性的计量方式所困，部分学者在衡量准则弹性问题时，都只是尝试用定性方法来度量，却忽略了准则弹性的定量分析，更未直接检验准则弹性对会计信息可比性的影响。另外，虽然已有部分学者考察了准则变化对资本市场决策有用性的影响，但是对于以改善会计信息可比性为目标所导致的准则弹性变化，以及该变化对资本成本可能带来的经济后果缺乏关注。本书选择 2006 年会计准则变更中比较具有代表性的一条会计准则为例，即公允价值计量属性取代部分历史成本计量属性，采用直接的数据统计分析方法度量出每一家企业层面的会计准则弹性大小，并纳入同一框架下进行分析准则弹性变化对公司会计信息可比性和企业融资成本的影响原理、路径和效果。这不仅能够使论证过程更为严谨，还深入探究会计准则弹性变化的经济后果研究，扩大有关会计准则弹性的研究范畴，有助于我们透彻厘清会计政策变更后准则弹性的变化对企业会计信息可比性及企业融资成本的影响机理。

（3）考察企业自身和外部等影响因素对本书研究结论的调节作用。本书除了考察会计准则变更后会计准则弹性的变化对企业会计信息可比性和企业融资成本的影响之外，还进一步检验了我国各公司的经济业务复杂度、盈余管理行为特征和各地区的法律制度环境与准则弹性的交互作用如何影响企业的会计信息可比性。即，检验准则弹性带来的经济后果还受到准则执行动机、企业自身经济业务特征和准则执行环境的影响。另外，本书还系统考察了企业自身的贷款违约预测和外部的分析师预测精确度，研究其与会计信息可比性的交互作用是如何影响企业的债务融资成本，以及考察了企业自身的股价崩盘风险、外部的分析师预测精确度与会计信息可比性的交互作用是如何影响企业的股权融资成本。由于目前关于这类交互效应的研究文献尚比较缺乏，故本书能够在一定程度上弥补该领域缺乏实证检验的不足，同时，还有助于透彻厘清准则弹性的传导路径，从而提供更具有针对性的经验证据。

第 2 章
会计准则变更路径及准则弹性变化

2.1　国际会计准则变更路径及准则弹性变化

国际会计准则理事会（International Accounting Standards Board，IASB）的前身国际会计准则委员会（International Accounting Standards Committee，IASC）可以追溯至 1966 年成立的"会计师国际研究组"（Accountants International Study Group，AISG），其在最开始只是作为一个准则研究机构存在。1973 年 6 月，来自加拿大、澳大利亚、联邦德国、法国、日本、荷兰、墨西哥、美国和英国（会计职业国际协调委员会主要成员国）的 16 个会计职业团体，在英国发起成立了国际会计准则委员会（IASC），其目标是制定、发布国际会计准则，促进各国处理会计实务的方法保持协调一致，保证各国对相同经济业务处理得到的会计信息更加具有可比性。虽然 IASC 正式成立于 1973 年，然而国际会计协调活动可以追溯到 20 世纪初，早在 1904 年召开的第一次国际会计师大会，就开始了会计国际化活动，到了 60 年代，其更是快速向前发展。1975 年 1 月发布第 1 号国际会计准则，到 1987 年共发布了 31 号准则，但是这些准则并未能在各国或经济体中真正付诸应用，即使发起国的会计职业团体，也无法甚至无力在各国推动国际会计准则的应用。

在接下来的时期里，国际会计准则理事会（IASB）积极宣传，促使各国接受并使用国际财务报告准则（IFRS）。随着国际金融资本市场的快速发展和日益成熟，加快会计准则的全球化进程已经成为不争的事实。据统计，国际会计准则也已得到证券委员会国际组织，世界银行、G20、国际货币基金组织等多个国际组织的认可，全球已有 140 多个国家（或地区）不同程度地向国际会计准则进行了不同程度的趋同。这表明，国际会计准则已受到会计实务界和学术界，乃至全球各经济体的密切关注（刘峰和林卉，2015）。自从 2000年颁布新章程后，我们可以看出国际会计准则的目标则是：（1）制定一套符合公众利益的会计准则，其他特点包括全球性（global）、高质量（high quality）、具有强制性（enforceable）、可理解（understandable），该准则将要求企业在财务报表以及其他财务报告中披露出高质量的、可比的（comparable）且透明的（transparent）信息，提供给世界资本市场的投资者和其他信息使用者进行合理的经济决策；（2）促使世界经济体的会计准则与国际会计准则（IFRS）得到高水平的趋同（convergence）；（3）促使这些已经被制定的准则得到严格的使用（rigorous application）。显然，整顿后的 IASB 在总体目标上发生了较大改观。总而言之，国际会计准则理事会自 2001 年重组以来日益发挥着重要作用，而由其制定的国际财务报告准则逐渐成为全球统一的财务会计标准，为各国具体会计准则制定提供参考（刘峰和林卉，2015）。

从上述国际会计准则理事会的历史发展轨迹可以清晰地看出，通过近 40年的不断努力，IASB 由一开始的研究机构变为全球统一会计准则的制定机构，完成了组织机构的变革和组织目标的转换。总体来看，国际会计准则理事会在全球推广国际会计准则算是比较成功的，当然除美国之外。国际财务报告准则不但达到了最初希望用于跨境上市公司的目标，还适用于所有公司，并且还专门为中小企业也制定了相适应的会计准则（IFRS for SMEs），国际财务报告准则正慢慢地发展成为全球通用且唯一的会计准则。与此同时，国际会计准则理事会对各国（或地区）执行国际会计准则的条件，也从最开始的求同存异，到全面执行（adopted word by word），随着国际财务报告准则向全球各经济体的推广，IASB 的国际话语权也随之不断增强。国际会计准则的主要发展历程如表 2.1 所示。

表 2.1 国际会计准则各阶段不同时期的重要贡献

阶段分布	会议时间	会议名称	会议内容
第一阶段	1904 年	第 1 次国际会计师大会	会计准则国际化的起点：世界几个核心国家的会计准则，是各国会计实务交流和对比的平台，首次提议制定国际会计准则，进行了一系列准备工作，为后续制定、实施地区性的会计准则打下基础
	1962 年	第 8 次国际会计师大会	会计国际化活动有：世界经济对审计和财务报告产生影响，并提议设立一个专门机构来处理与审计、会计有关的问题
	1966 年	成立会计师国际研讨组	任务：对比分析英国、美国和加拿大 3 个国家的会计、审计准则与实务状况，并开展研究报告，向制定国际会计准则迈出重要的第一步，将研讨组发展为真正的国际化组织
	1972 年	第十次国际会计师大会	向世界主要国家成员提议设立国际化会计组织、制定国际会计准则，成立"会计职业国际协调委员会"
IASC 发展阶段	1980 年	初探期	学术初探期：与国际会计师联合会合作；修改章程；共制定 26 份国际会计准则
	1990 年	改进期	经修订并于 1995 年开始执行的 10 项具体国际会计准则，发布《财务报表可比性/改进》的征求意见稿；1989 年颁发《编制财务报表的框架》
	2000 年	核心准则形成	制定以加大各国财务报表的可比性为目标；常设解释委员会；G4 + 1 集团开始在制定准则过程中的协调行动
IASB 成立后	2001 年	设立委员会	新会计准则委员会正式成立
	2002 年	欧盟通过 IFRS	欧盟正式通过国际会计准则；美国财务会计准则委员会（FASB）与国际会计准则理事会（IASB）达成诺沃克协议
	2003 年	多国采用 IFRS	新西兰、南非、澳大利亚、中国香港等国家和地区开始采用 IFRS
	2004 年	IFRS 完善阶段	准则完善后，国际会计准则采用新准则；修改了各项准则，构建了固定的准则执行平台
	2005 年	欧盟采用 IFRS	欧盟内各国开始正式采用国际会计准则；不再要求境外公司编制准则差异调节表
	2006 年	中国采用 IFRS	美国财务会计准则委员会（FASB）与国际会计准则理事会（IASB）签订会计准则趋同备忘录；中国会计准则强制性变更，与国际会计准则基本趋同
	2007 年	多国采用 IFRS	巴西、加拿大、印度、智利、日本和韩国相继颁布执行国际会计准则

目前国际财务报告准则是原则导向的会计准则，自愿或强制采用该准则的国家或地区其会计准则的弹性增加，特别是从美国会计准则过渡到国际财务报告准则更是如此。需要特别指出的是，国际财务报告准则的采用基本代表着准则弹性的增加。国际会计准则委员会（IASC）和国际财务报告准则基金会（IFRS Foundation）的目标是制定一套高质量的可强制执行的财务报告准则。国际会计师联合会秘书长伊恩·鲍尔（Ian Ball）就曾指出，高质量的国际财务报告准则能够提高会计信息的透明度和可比性，它将为各国会计实务界带来多方面的益处，它不仅可以使投资人拥有更可靠的信息帮助其进行投资决策，同时企业内部决策也将拥有更高质量的会计信息。综上所述，本书认为，由规则导向的会计准则向原则导向的会计准则过渡可以提高会计准则的弹性，提升会计信息质量，包括会计信息可比性。

以中国国际会计准则趋同为例，自 1997 年开始发布具体会计准则，随后几年对会计准则不断地进行了修订，其中最具有代表性的是 2006 年 2 月 15日，会计准则委员会同时发布的 1 项基本会计准则和 38 项具体会计准则，实现了我国企业会计准则体系和国际会计准则的实质性趋同。但是根据现有文献分析，有关执行国际会计准则或者与国际会计准则趋同后的经济后果研究，结论并不一致，即执行或者趋同后是否能有效提高一个国家的会计信息质量仍然没有统一的结论。本书认为有多重原因可能会导致研究结论的不一致，如研究方法设计本身不一致，各国的制度背景、文化传统有所差异等。为此，本书重点关注我国 2006 年会计准则变更后，会计信息质量中会计信息可比性是否得到了提高；又由于会计准则属于制度范畴，同其他制度一样具有经济后果，它的变更很可能会导致企业融资成本的变化。

2.2　我国会计准则变更路径及准则弹性变化

会计准则作为处理企业经济活动的规则，对经济的发展和稳定有着重要的影响。会计准则之所以不断发生变更，既存在外部动因，例如经济、政治和认知等，也存在内在动因，会计准则作为一种制度规范由非均衡到均衡需要不断完善。会计系统是整个社会系统的一部分，而会计准则又是会计系统的子部分。所以，会计准则变迁既受到系统内部均衡关系的影响，又受到系统外部变化的刺激（徐海峰，2015）。为了不断适应时代发展的要求，改革开放以来，我国会计准则先后经历了 1981 年、1985 年、1992 年、2001 年、2006 年和 2014 年六次重大变革，由于 1992 年《企业会计准则》的颁布使得会计准则发展的主旋律由单纯的制度引进转变为西方会计制度与我国经济体制的结合，几次重大变革，不间断地进行演化以支持经济发展需求。因此，本书以 1992 年的会计准则变迁为起点，着重探讨 1992 年、2001 年、2006 年和 2014 年我国四次重大会计准则变迁的路径及准则弹性变化的规律。

2.2.1　1992 年的会计准则变更

随着时代发展，企业所有制结构的变化和投资方多元化、筹资活动多样化，会计信息越来越被相关需求者重视。20 世纪 90 年代初，股票和债券已经开始公开交易，证券投资者对会计信息产生了需求，同时，需要融资的企业陆续上市，证券监管机构把企业的财务数据作为考核企业上市资格的一道门槛。此外，伴随着中外合资企业兴起，外商投资者希望获得反映企业真实财务状况和发展能力的财务信息作为其在华投资的分析依据。也就是说，原有会计核算方法不再能满足当时会计信息使用者的需求。因此，1988 年我国财政部会计事务管理司成立的会计准则课题组，在反复调查研究和广泛征求意见的基础上，于 1990 年 9 月完成了会计准则的起草工作，经过了专家和学者的反复讨论于 1992 年 11 月 30 日正式对外颁布《企业会计准则》和《企业财务通则》，开始按照国际惯例进行会计核算，并引入了新的会计要素和会计等式。

总体而言，1992 年的会计准则变更方向是更能满足多元化的会计信息需求者。此次会计准则变迁的总体特征是逐渐与国际惯例接轨，1992 年会计制度仍将我国经济部门划分为 13 个行业进行核算，且不同所有制的企业在会计制度的运用上也存在差别。1992 年以前，按照计划经济体制的要求，我国的会计核算是按照分行业、分部门、分所有制进行的，且区分企业的资金来源、专款专用，带有强烈的计划经济色彩。分行业核算产生的直接后果就是行业间的会计信息可比性较差，行业的限制正是 2001 年会计准则变更最重要的原因。

2.2.2　2001 年的会计准则变更

2001 年会计准则变更的方向是提高企业之间会计信息的可比性，更好地满足投资者的需求，提高资本市场资本配置效率。随着 21 世纪的到来，我国资本市场也逐渐兴起，资本市场的投资者也随之增加。投资者为了保障他们的最终决策更加理性，就需要更高质量的会计信息。但是当时同时执行《股份有限公司会计制度》《外商投资企业会计制度》与划分为 13 个行业核算的"两则两制"。这虽然已经转变了我国传统的会计核算方式，但是依旧带有行政化制度安排的色彩，即在会计信息的加工和公告中表现出极强的行业特征；相比之下，外资企业在会计准则的具体内容上呈现了普适性特征，在会计信息的生成和传递中隐藏了行业特征。由于不同会计制度在规定的方法、核算的程序和报表的格式之间均存在一定的差异，导致了业务范围相同的企业因企业性质差异而采用不同的会计处理方法，结果造成了会计信息之间较差的可比性，这一问题阻碍了经济的畅通运行。为了保障决策的正确性，会计信息使用者对会计准则提出了可比性的要求。1999 年修订的《会计法》提出了"国家实施统一会计制度"，并在此基础上发布了《企业财务会计报告条例》，这些规定的出台给本次会计准则变迁提供了法律依据。但"统一会计制度"的颁布，并未实现与国际财务报告准则的完全趋同。本次会计工作的改革采用渐进式、增量式的方式，在保留原有会计体系的基础上统一会计制度。

2000 年底，财政部在充分准备和广泛征求意见的基础上，以统一的《企业会计制度》作为会计确认、计量、披露的操作指南，打破了所有制与行业的限制，提高了财务报告作为商业语言的通用性。于是会计准则作为企业会计信息加工生成的工具再次被修订，其中，《金融企业会计制度》适用于金融企业，《企业会计制度》适用于非金融企业，《小企业会计制度》适用于小企业，这些会计制度不再划分行业和所有制，有助于提高会计信息的可比性，满足投资者的需求。总体而言，2001 年会计准则变迁的目标是统一会计制度，至此我国会计准则的国际化进程有了较大幅度的发展与提高。

2.2.3 2006 年的会计准则变更

依据加入世界贸易组织的协定，在会计准则方面，凡是世界贸易组织的成员都应当在会计和财务报告方面有相同或者至少相似的规则，于是我国会计准则的制定在 2006 年进行了一次强制性变更，以兑现加入世界贸易组织的承诺。鉴于与国际会计准则趋同的必然性与必要性，在会计准则的制定过程中，会计准则制定者以外的其他利益相关者并没有积极地参与其中并充分表达个人的经济意图。

在国际环境的推动下，我国财政部于 2006 年 2 月 15 日进行了一次强制性改革，其推出的 "1 + 38" 项《企业会计准则》几乎涵盖了国际财务报告准则（IFRS）的所有内容，与国际会计准则基本实现了实质性的趋同，只有在关联方披露、企业合并和资产减值三个方面仍然保留了中国自己的处理方式。2006 年会计准则变迁总体特征是在国际会计准则趋同中，同时保持了符合中国国情的处理方式。作为会计准则制定者的政府会在会计准则系统中占据绝对优势地位，而政府主导的会计准则变迁表现为一种强制性的制度转变。此次变革改革步伐较为激进，堪称中国会计史上最近二十年来最大的变革之一（孙光国、邹宾，2013）。因此，我们将此次会计准则变更作为本书研究重点关注的对象。

2.2.4　2014 年的会计准则变更

2011 年以来，国际会计准则理事会（IASB）分别修订、发布了合并财务报表和公允价值计量等一系列准则，引发了国际财务报告准则（IFRS）的又一次变更。在 2012 年我国财政部发布了一系列相关准则征求意见稿后，2014年又一次正式发布了一项准则解释，新增了三项、修订了五项企业会计准则，并修订了《企业会计准则——基本准则》中关于公允价值计量的定义，以此保持我国会计准则与国际财务报告准则的持续趋同。

整体而言，2014 年的会计准则相对于 2006 年的会计准则变更较少，主要体现在以下三个方面：（1）新增部分会计准则。财政部发布了《企业会计准则第 39 号——公允价值计量》，因为现行的会计准则虽然在存货、资产减值、股份支付等内容多有涉及公允价值原则和方法，但是并未就公允价值计量属性单独进行规定。该准则起到补充作用。另外，财政部发布了《企业会计准则第 40 号——合营安排》《企业会计准则第 41 号——在其他主体中权益的披露》，有利于财务报表使用者全面了解企业财务状况和经营业绩。（2）修订部分会计准则。财政部先后修订了《企业会计准则第 30 号——财务报表列报》《企业会计准则第 9 号——职工薪酬》和《企业会计准则第 33 号——合并财务报表》三项准则，做了重新规定。（3）修订基本准则。为了适应我国企业和资本市场发展的实际需要，实现我国企业会计准则的国际趋同，财政部开始研究《企业会计准则——基本准则》，主要体现在公允价值的基本精神之上。根据上述分析可以发现，2014 年的会计准则基本方向并未发生变化，只是在 2006 年会计准则的基础上进行了补充或进一步修订。

2.2.5　2017 年的会计准则变更

继 2014 年发布了新增或修订的八项企业会计准则之后，财政部陆续发布了七项新增或修订的企业会计准则。2017 年财政部对会计准则的修订具体如下：（1）修订了《企业会计准则第 22 号——金融工具确认和计量》。（2）修订了《企业会计准则第 37 号——金融工具列报》和《企业会计准则第 23 号——金融资产转移》。（3）修订了《企业会计准则第 24 号——套期会计》。（4）修订了《企业会计准则第 42 号——持有待售的非流动资产、处置组和终止经营》，自 2017 年 5 月 28 日起施行。（5）修订了《企业会计准则第 16 号——政府补助》。（6）修订了《企业会计准则第 14 号——收入》。根据上述变更可知，目前我国会计准则的变更路径依旧是沿着国际会计准则变更方向进行的。

综上所述，我国会计准则从 1992 年至今在不断地向国际会计准则趋同。整体上看，会计准则是从准则导向向原则导向进行变革，即准则弹性在逐渐变大。例如，近 20 年，资产减值会计的适用范围逐渐扩大，减值的计量模型也越来越复杂。从 1999 年的坏账准备、存货跌价准备等四项减值，到 2001 年的固定资产、无形资产减值准备等八项减值，再到 2006 年以后的资产组减值、总部资产减值甚至商誉减值等，适用资产减值会计的资产项目越来越多。在计量模型上，IASB 于 2014 年将金融资产的减值从"已发生损失模型"变更为"预期信用损失模型"，其计算程序之复杂、弹性之大，几乎难以执行（戴德明，2019）。从具体准则来看，各个准则弹性变化方向并非完全一致，但都是为了提供更高质量的会计信息，举例如下：（1）发出存货计量方法。1993 年先进先出法、加权平均法、移动平均法、个别计价法和后进先出法；1998～2003 年未变；2006 年保留了先进先出法、加权平均法或者个别计价法，导致准则弹性降低。（2）固定资产的减值损失。一经确认，在以后会计期间不得转回，降低了准则弹性。（3）债务重组的计量。2001 年会计准则相对于 1998 年会计准则而言，放弃了公允价值计量法，2006 年再次变更为公允价值计量，准则弹性是先变小后变大，接下来本书将以公允价值会计准则为例，分析其变化路径。

2.3　我国公允价值会计准则变化路径及准则弹性变化

公允价值计量的使用始于 20 世纪 50 年代，之后因为金融衍生产品的产生，又使其在 20 世纪 90 年代得到快速发展。进入 21 世纪后，伴随着系统性的相关会计准则的制定和推广，公允价值又进入了快速发展时期。其飞速发展主要基于交易虚拟化程度的增加和经济环境不确定因素，以及更加活跃的交易市场使计量日交易价格可获性大大增加（郭均英等，2015）。会计准则的制定与社会经济环境有着密切的联系，会计准则实际上是一定社会环境下经济制度的产物，会计准则的发展必须与当时的社会经济环境相适应。相比美国和国际会计准则，我国公允价值的应用较晚，长期以来历史成本计量模式占据主导地位。在我国，以公允价值计量经济业务的应用经历了坎坷的历程。第一阶段是从 1998 年开始，我国相继在债务重组、非货币性交易、无形资产等会计准则中首次引入公允价值计量属性；第二阶段是 2001 年，我国修订的准则中又取消了公允价值计量，重新回到了历史成本计量属性；第三阶段是 2006 年，2 月 15 日财政部发布了新的《企业会计准则》，为了保持与国际会计准则趋同，其中十八项准则在计量中多次涉及公允价值计量；第四阶段是 2014 年，此次改革的最大特点是对公允价值等级做了明确的划分，让企业在使用公允价值计量时有了统一的标准。

根据 IASB 的创建和发展历史分析，国际会计准则日趋弹性化的背后，既存在客观原因，也存在主观原因。一方面，随着全球经济商业环境的变化，各个企业发生的经济业务日趋复杂化。举例而言，伴随着经济波动，记录在会计账簿上的资产的市场价格偏离其历史购买成本的幅度越来越大；金融工具（特别是衍生金融工具）的快速发展更是蕴藏了历史成本难以捕捉的风险；金融危机的发生也使会计准则饱受诟病。这些外在客观环境的变化都使得企业产生了新的账务需求。已有的会计准则又很难满足所有经济业务的处理需求，因为会计准则在不断地发生变更。准则的不断弹性化可以为经济业务处理提供更多可选择性空间，满足企业发展需求，这也是会计准则弹性化的重要原因。另一方面，政治层面的利益驱动因素也是会计准则复杂化的深层次原因之一。作为一个民间会计准则制定机构，IASB 为了存续发展，需要满足行业内当权团体的需求（Camfferman and Zeff，2007）。会计准则的复杂化正符合注册会计师行业的短期利益，也符合所有会计行业从业者的短期利益。换言之，国际会计准则在制定过程中存在着人为的复杂化。

2.3.1　1998 年初次运用公允价值，准则弹性增加

1998 年我国财政部颁布了一系列具体企业会计准则，在"债务重组"准则中，首次引入了"公允价值"的概念。在该准则中明确规定：在债务重组交易中，如债权人以非现金资产清偿债务或债务转化为资本，则债权人转让的非现金资产和债权人因放弃债务而享有的股权应当按照公允价值进行计量。"债务重组"准则把"公允价值"第一次运用到实物中且将其作为确认资产的计量基础，这是我国会计准则改革历程中一个重要节点，即在某些特殊交易的资产计量中不再使用往常的历史成本计量而开始采用公允价值计量，以此提高会计信息质量。但是，这一新举措在会计实务中实施的经济后果，却与会计准则制定的初衷相违背。这主要是由于当时我国资本市场不完善，导致经济业务相关的公允价值很难确保其公正性，从而在会计实务中公允价值成为企业粉饰业绩的通用手段，进一步造成会计信息偏离经济真实，导致证券市场的混乱，并一度引发了会计信息的质量危机。

2.3.2　2001 年全面回避公允价值，准则弹性减小

截至 2001 年，我国会计准则推行的时期较短，证券市场也不是很成熟，注册会计师这一行业的现象更是良莠不齐，不管是其法律意识还是职业道德、

执业水平都难免存在众多不足，较为系统的会计和证券监管体系尚未建立，进而导致公允价值在会计实务中的运用表现出了较大的预期偏差。鉴于初次使用公允价值准则带来的应用偏差及其对财务会计信息的负面影响，2001 年我国财政部对 1998 年颁布的会计准则进行了全面修订，并在此次修订中基本全面回避了公允价值在会计准则中的应用。例如，在 2001 年修订后的《企业会计准则——债务重组》中，基本上对于重组过程涉及的资产再次开始使用历史成本计量，以重组双方相关资产的历史成本的差额来计算当期损失与资本公积，算是全面取消了公允价值计量属性的应用。其他有关准则也进行了相类似的修订，基本都对公允价值计量进行了全面回避。但不足之处是，这种处理方法避免了主观性较强的公允价值，回归到相对比较客观的历史成本法，却违背了经济交易的实质和原则，同时也与国际会计准则的发展趋势相违背。

2.3.3 2006 年全面推广公允价值，准则弹性增大

从全球范围看，公允价值在国际上的运用越来越广泛，在各国会计准则适用范围也日益扩大。2006 年 2 月我国颁布的多项新企业会计准则中，公允价值又一次得到引入和大范围的推广，以顺应世界发展的潮流与趋势，具体在金融工具、非货币性交易、投资性房地产等 18 项具体准则中都体现了公允价值思想，如表 2.2 所示。公允价值计量将会计记录时点提前至契约履行完毕之前，突破了传统会计理论，实质上源自金融分析。它的复杂性及其所导致的可操纵性已被众多学者所诟病。同时，公允价值计量也使会计准则变得异化（非会计化）。例如，当公允价值计量被应用于企业合并业务时，合并方支付对价与被合并方可辨认净资产公允价值就可能存在差异。现行会计准则要求企业将合并中形成的负商誉计入当期损益，即相当于在购买环节确认收益，这显然不符合商业常识（戴德明，2019）。我们再以《企业会计准则——非货币性资产交换》为例，该项准则变化体现在对于交换资产的计量虽然可

以采用公允价值属性，但是对于公允价值的运用方法和运用条件都有了更为严格的界定。可以看出，公允价值的运用真正能反映企业盈利情况以及持续经营能力的指标是经营活动现金流，同时公允价值概念的引入强化了为投资者和社会公众提供决策有用会计信息的新观念，从而在一定程度上实现了与国际会计准则发展趋势的接轨。由于此次变化，是本书研究关注的重点，所以我们对涉及公允价值的会计准则进行了梳理。

表 2.2 涉及公允价值的会计准则变更梳理

序号	准则	年份	准则内容明细	变化趋势	影响的报表科目
1	存货	2006	投资者投入的存货的成本，应当按照投资合同或协议约定的价值确定，但合同或协议约定价值不公允的除外。在投资合同或协议约定价值不公允的情况下，按照该项存货的公允价值作为其入账价值	体现公允价值思想	资产类：库存商品
2	长期股权投资	1993	长期投资期末按投资成本或确定的资产价值计价	历史成本	资产类：长期股权投资
		1998	以放弃非货币性资产而取得的长期股权投资，其初始投资成本应按所放弃非现金资产的公允价值确定，如果所取得的股权投资的公允价值更为清楚，也可以取得股权投资的公允价值确定。以债务重组取得的投资，债权人应将放弃债务而享有的股权按公允价值以及发生的相关税费作为其投资成本	公允价值	资产类：长期股权投资损益类：投资收益
		2001	以放弃非货币性资产而取得的长期股权投资，按非现金资产账面价值加上支付的相关税费作为初始投资成本；以债务重组取得的投资，按应收债务的账面价值加上应支付的相关税费作为初始投资成本	历史成本	资产类：长期股权投资
		2006	长期股权投资的初始投资成本大于投资时应享有被投资单位可辨认净资产公允价值份额的，不调整长期股权投资的初始投资成本；长期股权投资的初始投资成本小于投资时应享有被投资单位可辨认净资产公允价值份额的，其差额应当计入当期损益，同时调整长期股权投资的成本	成本法下，历史成本；权益法下，公允价值	长期股权投资营业外收入

续表

序号	准则	年份	准则内容明细	变化趋势	影响的报表科目
3	投资性房地产	2006	在有确凿证据表明投资性房地产的公允价值能够持续可靠取得的情况下，可以对投资性房地产采用公允价值模式进行后续计量	历史成本或公允价值	资产类：投资性房地产 损益类：公允价值变动损益
4	固定资产	2006	投资者投入固定资产成本，应当按照合同或协议约定的价值确定，但合同或协议约定价值不公允的除外	体现公允价值思想	—
5	生物资产	2006	有确凿证据表明生物资产的公允价值能够持续可靠取得的，应当对生物资产采用公允价值进行计量	体现公允价值思想	—
6	无形资产	2006	投资者投入的无形资产，应当按照投资合同或协议预定的价值作为成本，但合同或协议约定价值不公允的除外	体现公允价值思想	—
7	非货币性资产交换	2001	企业发生非货币性交易时，应以换出资产的账面价值，加上应支付的相关税费，作为换入资产的入账价值	历史成本	—
		2006	非货币性资产交换同时满足下列条件的，应当以公允价值和应支付的相关税费作为换入资产的成本，公允价值与换出资产账面价值的差额计入当期损益	公允价值	—
8	资产减值	2006	取消了商誉直线法摊销，改用公允价值。投资性房地产公允价值计量不计提减值	体现公允价值思想	—
9	企业年金基金	2006	初始取得投资时，应当以交易日支付的成交价款作为其公允价值入账。估值日，应当以其公允价值调整原账面价值，公允价值与原账面价值的差额计入当期损益	体现公允价值思想	—
10	股份支付	2006	以权益结算的股份支付换取职工提供服务或其他方提供类似服务的，应当以授予职工和其他方权益工具的公允价值计量。以现金结算的股份支付，应当以承担负债的公允价值计量	体现公允价值思想	—

续表

序号	准则	年份	准则内容明细	变化趋势	影响的报表科目
11	债务重组	1998	以资产清偿债务：先确定转让资产的非现金资产的公允价值，然后确认债务重组损益。 债务转为资本：债权人获得的债务重组收益 = 重组债务的账面价值 – 股份的公允价值总额；债权人发生的债务重组损失 = 重组债务的账面余额 – 享有股权的公允价值 – 损失准备	体现公允价值思想	应收账款 应付账款 营业外收支
		2001	如果涉及多项非现金资产，债权人应按各项非现金资产的公允价值占非现金资产公允价值总额的比例，对重组债务的账面价值进行分配。 重组损失处理：如果涉及多项非现金资产，债权人应按各项非现金资产的公允价值占非现金资产公允价值总额的比例对重组债务的账面价值进行分配	历史成本	—
		2006	债权人以非现金资产清偿债务的，债权人应当将重组债务的账面价值与转让的非现金资产公允价值之间的差额，确认为债务重组利得。 转让的非现金资产公允价值与其账面价值之间的差额，确认为资产转让损益。 修改其他债务条件的，债权人应当将修改其他债务条件后债务的公允价值作为重组后债务的入账价值。 债权人应当将重组债务的账面余额与收到的现金/转让的非现金资产的公允价值/股份的公允价值/重组后债务的账面价值之间的差额，计入当期损益	公允价值	应收账款 应付账款 营业外收支
12	收入	2006	合同或协议价款的收取采用递延方式，实质上具有融资性质的，应当按照应收的合同或协议价款的公允价值确定销售商品收入金额。应收的合同或协议价款与其公允价值之间的差额，计入当期损益	体现公允价值思想	—
13	政府补助	2006	政府补助为非货币性资产的，应当按照公允价值计量；公允价值不能可靠取得的，按照名义金额计量	体现公允价值思想	—

续表

序号	准则	年份	准则内容明细	变化趋势	影响的报表科目
14	企业合并	2006	非同一控制下的企业合并：购买方在购买日对作为企业合并对价付出的资产、发生或承担的负债应当按照公允价值计量，公允价值与其账面价值的差额，计入当期损益。 购买方对合并成本大于合并中取得的被购买方可辨认净资产公允价值份额的差额，应当确认为商誉。经复核后合并成本仍小于合并中取得的被购买方可辨认净资产公允价值份额的，其差额应当计入当期损益。 合并中取得的被购买方或有负债，其公允价值能够可靠计量的，应当按照公允价值单独确认为负债，或有负债在初始确认后，应当按照以下两者孰高进行后续计量。 企业合并发生当期期末，因合并中取得的各项可辨认资产、负债及或有负债的公允价值或企业合并成本只能暂时确定的，购买方应当以所确定的暂时价值为基础对企业合并确认和计量	公允价值	长期股权投资
15	租赁	2006	承租人在租赁开始日的最低租赁付款额现值，几乎相当于租赁开始日租赁资产公允价值；出租人在租赁开始日的最低租赁收款额现值，几乎相当于租赁开始日租赁资产公允价值。 在融资租赁期开始日，承租人应当将租赁开始日租赁资产公允价值与最低租赁付款额现值两者中较低者作为租入资产的入账价值。有确凿证据表明售后租回交易是按照公允价值达成的，售价与资产账面价值的差额应当计入当期损益	体现公允价值思想	—
16	金融工具确认和计量	2006	金融资产和金融负债初始计量采用公允价值计量，后续计量分别采用公允价值和摊余成本计量。采用公允价值计量的金融资产和金融负债，公允价值变动计入当期损益	公允价值	交易性金融资产；持有至到期投资；可供出售金融资产；资本公积；投资收益；公允价值变动损益

序号	准则	年份	准则内容明细	变化趋势	影响的报表科目
17	套期保值	2006	公允价值套期，是指对已确认资产或负债、尚未确认的确定承诺，或该资产或负债、尚未确认的确定承诺中可辨认部分的公允价值变动风险进行的套期。即指在相同会计期间将套期工具和被套期项目公允价值变动的抵销结果计入当期损益的方法	公允价值	—
18	石油天然气开采	2006	未探明矿区权益公允价值低于账面价值的差额，应当确认为减值损失，计入当期损益。转让部分探明矿区权益的，按照转让权益和保留权益的公允价值比例，计算确定已转让部分矿区权益账面价值	公允价值	—

2.3.4 2014 年完善修订公允价值，准则弹性持稳

随着我国市场经济的发展，在我国会计准则不断向国际会计准则趋同的过程中，公允价值准则已经越来越多地被运用到了企业的资产和负债的账务处理中。为了进一步完善公允价值在我国的运用，财政部于 2014 年 1 月正式颁布了《企业会计准则第 39 号——公允价值计量》，其最大特点是对公允价值等级做了明确的划分，让企业在使用公允价值计量时有了统一的标准，具体变化如下所示。

（1）对公允价值的概念重新做了表述。在 2006 年《企业会计准则》中，对公允价值的表述为："（五）公允价值。在公允价值计量下，资产和负债按照在公平交易中，熟悉情况的交易双方自愿进行资产交换或者债务清偿的金额计量。"而在 2014 年会计准则中，对公允价值的最新表述为："（五）公允价值。在公允价值计量下，资产和负债按照市场参与者在计量日发生的有序交易中，出售资产所能收到或者转移负债所需支付的价格计量。"两者对比，2014 年会计准则更加注重价格获取的条件，保证价格的合理。

（2）对"有序交易"和"市场"的理解。相对于 2006 年会计准则，2014 年会计准则规定：公允价值计量有一个假定，即相关的有序交易在主要市场中进行。有序交易，是指在计量日前的一段时期内，相关资产或负债具有惯常市场活动的交易。清算等被迫交易不属于有序交易。主要市场则是指相关资产或负债的交易量最大和交易活跃程度最高的市场。以此，就更加保证了公允价值取值的可靠性。

（3）明确划分了公允价值的三个层次。相对于 2006 年会计准则，2014 年会计准则对公允价值计量所使用的输入值作了三个层次的划分，而且要求优先使用第一层次，其次考虑用第二层次，最后才考虑使用第三层次。划分的标准主要是能从市场上取得输入值的直接的程度。第一层次输入值是在计量日能够取得的相同资产或负债在活跃市场上未经调整的报价；第二层次输入值是除第一层次输入值外相关资产或负债直接或间接可观察的输入值；第三层次输入值是相关资产或负债的不可观察输入值。

从上述变化看出，此次财政部对公允价值计量做了更具体、更完善的规定和解释，使得企业更加规范地使用公允价值准则，尽可能让记录并承载企业经济业务的会计信息能够无偏地反映与之对应的经济真实。总体来看，此次变化后的 2014 年公允价值准则弹性相对于 2006 年公允价值准则弹性基本保持平稳。总之，我们认为公允价值相对于历史成本更有弹性，这是由于公允价值计量属性取代历史成本计量属性的弹性变化主要体现为：（1）价值计量层面。公允价值计量的资产可以按照其归属的范围选择是"具有活跃市场报价"和"不具有活跃市场报价"选择层次之分；财务报告的提供者在期末判断以公允价值计量的资产价值是否发生变化，并在资产负债表中更改其金额。（2）管理者行为层面。公允价值计量属性赋予了公司管理者选择盈余变现时间的空间。以股票投资为例，其入账时可按照持有意图和持股比例等划分为交易性金融资产、可供出售金融资产/其他权益投资和长期股权投资。对此，我们从两个方面分析股票投资在公允价值准则层面上的弹性：（1）出售时机层面。未实现损益到已实现损益是可以由管理者掌控，存在一定弹性。

（2）计量属性层面。第一层级是活跃的市场公允价值，此时公允价值相对于账面价值，其弹性相对较少；第二层级是相似的市场的公允价值，这种情况下公允价值相对于账面价值，其弹性已经明显增加；第三层级是非活跃市场的公允价值，此种情况下公允价值相对于账面价值，其弹性已经明显增加。据统计，2014 年我国开始实施公允价值分层，一共有 1214 家 A 股上市公司对其资产进行了公允价值分层计量，其中，运用第一层计量的上市公司有 927 家，运用第二层计量的上市公司有 416 家，运用第三层计量的上市公司有 179 家。这意味着，第二层级和第三层级公允价值弹性更大，其实际应用范围虽然有限，但不可忽略。

2.4　本章小结

本章首先梳理了国际会计准则变更路径及其准则弹性变化特点；其次梳理了我国会计准则在向国际会计准则趋同过程中会计准则变更路径及其准则弹性变化规律；最后重点回顾和梳理了准则弹性变化较为明显的公允价值计量属性在我国会计准则体系中的发展过程。经梳理可知，我国公允价值会计的发展历程并不是一帆风顺的，而是经历了从初步运用到逐步拓展再到大规模广泛应用这样一个循序渐进、螺旋上升的过程。因此，公允价值的应用要紧密结合社会经济环境，逐步推进，不能一蹴而就。会计准则的弹性化必然会为会计人员在实务中带来一些经济后果。例如，弹性的会计准则有可能使会计信息的可理解性变差，操作难度增大。此外，会计准则的执行困难会间接导致实务上的弹性操作，增加会计信息的操控空间。如若报表使用者甚至注册会计师都在判断企业账目是否遵循了会计准则方面存在困难，那么会计规则将丧失约束力，其存在的必要性也会大大降低，降低会计信息的公信力（戴德明，2019）。FASB 和 IASB 等域外主流准则制定机构均认为以"决策有用"为财务报告最重要的目标。但是弹性准则是否取得了如 IASB 所期望的那样，能够增强准则体系的内在一致性、提高会计信息的决策有用性，这是接下来本书研究所要论证的。另外，本章对公允价值会计的发展历程及在我国的运用现状做了总结和分析，为下一步公允价值会计的发展梳理了政策背景，也为后文有关准则弹性变化的机理分析和实证研究提供了基础。

第 3 章
基本理论支持

企业由一系列联结在一起的契约关系构成。这些契约分为要素使用权交易契约和会计契约两种。其中，我们重点关注会计契约，因为在企业契约的签订与履行中，会计信息是不可或缺的。这主要因为在企业契约存续的整个过程中，会计要对企业各种经济活动进行加工、生产会计信息并披露，以便对契约的执行状况进行实时反映，便于各方获悉契约履行状况并据此判定契约的继续执行或停止，因此企业契约的履行过程与会计系统的运行不可分离。通常会计系统的重要组成部分包含会计准则。会计准则变更后的直接结果是企业准则导向变化。会计信息质量则是企业运用会计准则加工经济业务的产成品，而会计信息质量，特别是会计信息可比性则是企业在获取资本过程的一个重要影响因素。为了更好地研究会计准则弹性对企业融资成本的影响，本章介绍了与本书研究内容相关的理论基础，包括企业契约理论、会计信息质量理论、准则导向等理论，为后文的理论分析和实证检验提供了理论支撑。

3.1　企业契约理论

3.1.1　企业契约理论的基本观点

企业作为一个组织，其将与之签订契约的各方利益关联在一起。企业的契约理论（the Contractual Theory of the Firm）是由科斯（Coase，1937）开创的，该理论的创立实现了企业理论发展的一大突破，为现代企业理论奠定了坚实基础，成为现代企业理论中的一个重要组成部分。把企业看作一系列契约的有机组合是该契约理论中最为关键的观点。为什么契约是一组承诺的集合呢？这是由于签约各方在签约时做出各个承诺，代表各方在合作中就利益分配问题基本达成一种共识的权利、义务的协议或约定，并认为在契约到期日便能够按约定被兑现。按照知名会计学家希亚姆·桑德（Shyam Sunde，2000）的观点，与企业所联结的契约关系人都可以被称为契约主体，主要包括以下几种类型：（1）债权人。银行等债权人与企业签署了债务契约，债权人给企业投资资金使用，并要求企业在还款日还本付息。（2）股东。投资人与企业签署股权契约，投资人向企业投入资金或者资产，获取与之对应的股份，要求既可以得到满意的股利回报，同时又要保全其权益性资本。（3）政府。政府一般与企业签署税收契约，产权保护和公共物品等由政府向企业提供，要求在其管辖范围内的企业上缴税收给政府。（4）经理。管理层一般与企业签订薪酬契约，管理者运用其丰富的管理技能和先进的管理知识优势对企业进行优质的管理，要求得到合理的报酬等。（5）会计师事务所。注册会计师一般与企业签订审计契约，注册会计师能为企业提供咨询和审计服务，要求得到协议规定的费用。（6）员工。员工一般与企业签订劳动契约，员工通过工作为企业提供服务，要求能够得到合理的薪酬。（7）顾客。顾客一般与企业签署商业契约，顾客将支付价款给企业，要求企业提供与其支付的价值相匹配的服务或产品。（8）供应商。供应商与企业签署商业契约，在既定时间范围内向企业提供产品、原材料等，要求得到理应支付的款项（罗楠，2013）。根据我们的分析可知，企业是由一张张契约组合而成，通过这些契约，企业将各经济主体关联起来，包括债权人、股东等。通常企业本身并没有动机或目标，并且不被认定为一个经济角色，而是被定义为一个平台，把各个契约主体关联起来，在这个平台上各契约参与者按照协议或者约定去完成各自的角色，以达到各自的目的。而在订立契约过程中，契约双方常需要使用会计信息建立各种契约条款。

3.1.2 契约理论与准则弹性

在公司治理环节中，如果管理层利用准则弹性空间对会计信息进行人为的干预，以此达到自身利益目标，则会造成企业会计信息可比性下降。由于股东和债权人与公司之间存在着会计信息不对称，在签订股权融资契约或者债务融资契约过程中，契约条款就有失公允，股东和债权人的利益就会受到侵害。我们以契约中的债务契约和公允价值准则的准则弹性为例，一般债务契约是由企业管理层代替股东与债权人签订的合约，包括各种债券发行合同、贷款合同等。债务契约是用于明确债务人（企业）、债权人（银行等）双方权利义务关系的一种法律文书，其往往会要求企业须保持一定偿债能力等限制性条款以降低资金收回的风险。在针对会计信息的研究中，公允价值计量的契约有用性的其中一个目的就是，通过了解契约制定依据的合理性和契约制定与履行的适当性来进一步优化企业的契约形式。对于存在活跃市场的负债和资产，在可以直接看到的市场价格情形下，管理层在公允价值计量属性下拥有的会计信息政策选择空间较小，但是针对不存在活跃市场的资产、负债，公允价值的获取就要靠估计未来现金流量现值或其重置成本，此时，公允价值的计量属性赋予管理层的会计政策选择空间较大。而在企业把经济业务加工为会计信息的过程中，这些准则空间就必然使得管理层从自身利益出发，选择恰当的会计政策进行账务处理，最终使得会计信息的可靠性降低，甚至会导致会计信息失真，在这种情况下，就会侵害利益相关者的利益（罗楠，2013）。

3.2 会计信息质量理论

3.2.1 会计信息质量理论的基本观点

现代西方财务会计的研究以会计目标为研究起点，因为只有明确财务的目标，才有可能形成一致的财务会计概念框架和会计信息质量特征以及会计的确认计量等各个要素。通常我们把财务会计的目标理解为财务会计按使用者的需求所应达到的目的和要求。目标解决的问题主要有两个：财务报告的使用者及其需求的会计信息。从决策有用性的角度出发，会计信息质量主要是指会计信息中构成决策有用的成分。财务报告质量特征是会计目标的真实体现，会计流程中的确认、计量、记录和报告直接受到会计信息质量特征的指导。根据《企业会计准则——基本准则》① 第二章可知会计信息质量要求：（1）企业应当以实际发生的交易或者事项为依据进行会计确认、计量和报告，如实反映符合确认和计量要求的各项会计要素及其他相关信息，保证会计信息真实可靠、内容完整。（2）企业提供的会计信息应当与财务会计报告使用者的经济决策需要相关，有助于财务会计报告使用者对企业过去、现在或者未来的情况做出评价或者预测。（3）企业提供的会计信息应当清晰明了，便于财务会计报告使用者理解和使用。（4）企业提供的会计信息应当具有可比性。同一企业不同时期发生的相同或者相似的交易或者事项，应当采用一致的会计政策，不得随意变更。确需变更的，应当在附注中说明。不同企业发生的相同或者相似的交易或者事项，应当采用规定的会计政策，确保会计信息口径一致、相互可比。（5）企业应当按照交易或者事项的经济实质进行会计确认、计量和报告，不应仅以交易或者事项的法律形式为依据。（6）企业提供的会计信息应当反映与企业财务状况、经营成果和现金流量等有关的所有重要交易或者事项。（7）企业对交易或者事项进行会计确认、计量和报告应当保持应有的谨慎，不应高估资产或者收益、低估负债或者费用。（8）企业对于已经发生的交易或者事项，应当及时进行会计确认、计量和报告，不得提前或者延后。

以上会计信息质量要求可以归纳为以下特征：可靠性、相关性、可理解性、可比性、实质重于形式、重要性、谨慎性和及时性等。会计信息质量特

---

① 2006 年 2 月 15 日财政部令第 33 号公布，自 2007 年 1 月 1 日起施行。2014 年 7 月 23 日根据《财政部关于修改〈企业会计准则——基本准则〉的决定》修改。

征是为会计目标服务的，是对会计目标的具体化，更直接、清晰明了地指导会计的确认、计量和信息传递。一般而言，高质量的会计信息能给使用者带来真实有效的信号，引导资源流向，提高资本市场配置效率；低质量的会计信息会给使用者带来无效的信号，甚至误导的信号，造成资源的错误配置，降低资本市场配置效率。

3.2.2 会计信息质量与会计准则变更

会计准则是关于会计的标准、规范和行为准则，其兼有"会计"的专业性和"准则"的规范性。其中的"会计"视角，强调的是会计信息质量的改进，关注会计准则是否能够提供高质量、透明且可比的会计信息。会计准则变更的目标之一就是提高会计信息质量。国际会计准则理事会（IASB）也把目标定位为"制定一套高质量、可理解的、可强制实施的、全球接受的、以清晰表述的原则为基础的财务报告准则"。国际会计准则理事会主席大卫·特维迪（David Tweedie）曾指出高质量的全球财务报告系统能够提高信息透明度，吸引更多的投资，降低资本成本，促进国际资本流动，削减企业全球经济活动的成本。

近十几年我国的会计准则在不断地进行会计制度改革，以适应时代经济的发展，有助于提高会计信息的决策相关性。会计准则变更的经济后果主要包括降低交易成本、提高会计信息质量和优化资源配置。根据制度变迁理论的观点可知，制度变迁是为了降低经济运行过程中的交易成本，并对经济活动的参与方提供激励与约束。会计准则作为一项用来降低交易成本的制度安排，目的是有助于达成交易并使交易能够有效执行，核心目标是保护投资者利益，并增强投资人对资本市场的信心（刘峰和李少波，2000）。会计准则变更直接改变了会计准则弹性和企业的会计信息系统。而企业的会计信息系统是用来传递公司财务状况和经营业绩等经济信息的系统，它本质上既是传递系统，又是人造系统，会计信息是会计准则加工企业经济活动的最终产物，人们通过建立概念框架、制定准则规范来确保会计信息的质量。在 2006 年会计准则变更中，引入公允价值计量属性，并将其变动分别以营业利润和其他综合收益列入利润表中是此次会计准则变更的最大亮点。众所周知，公允价值计量属性的使用主要是为了满足契约对公平公正的要求，公允价值计量属性可以使得契约各方的经济利益得到合理的度量，公允价值计量的动态变化可及时提醒契约各方所面临的真实状况，提高彼此之间的会计信息透明度。但是研究发现，公允价值的应用是一把"双刃剑"，一方面，促使公司资产与负债的历史成本更接近于市场价值，提高会计信息的决策相关性；另一方面，由于公允价值的主观估计可能削弱会计信息的稳健性，带来一定的利润操纵空间（邹海峰等，2010）。

3.2.3 会计信息质量的经济后果

关于经济后果理论最具有代表性的是泽夫（Zeff）于 1978 年在《经济后果学说的兴起》中提出的观点，他把经济后果定义为"会计报告对企业、政府、工会、投资人、债权人决策行为的影响，在制定会计准则时应该考虑会计的经济后果"。他首次提出会计政策具有经济后果，并认为会计政策能够影响企业管理当局及其他相关利益人的决策，会计报告不只是反映决策的结果，反过来也影响决策行为。还有一个定义就是斯科特（Scott，1997）在《财务会计理论》一书中对经济后果的定义，他指出经济后果是指尽管存在有效市场理论，但会计政策的选择还是能够影响公司的价值。并认为在有效市场条件下，如果公司能够对其选择的会计政策进行充分披露，市场就会识别由会计政策变动带来的盈余变化，而且并不做出价格反应。因为会计政策的改变能够影响公司的盈余，而公司盈余往往又是制定各种契约的最普遍依据，因此可能影响公司相关利益群体的决策行为，包括管理层、投资人和债权人等，进而影响到公司的价值。正如泽夫（Zeff）所说"当今会计准则的制定已经不是一个专业技术过程，而是一个政治过程，在这一过程中准则的制定部门要有'精致平衡能力'来协调各方的利益"。瓦茨和齐默尔曼（Watts and Zimmerman，1990）把契约理论引入经济后果学说，指出会计准则之所有经济后果是因为薪酬契约、债务契约和政治成本的存在。因为会计政策的改变相当于准则弹性的变化，能够直接改变公司的会计信息系统，关系到企业的会计信息质量，而企业的会计信息质量往往又是制定各种契约的最普遍依据，因此可能影响公司相关利益群体的决策行为，包括管理层、投资人和债权人等。张先治等（2015）认为，从会计准则到经济后果这一链条非常复杂，其主要从可比性视角探寻会计准则变革通过可比性产生的影响路径和机理，会计准则向国际会计准则趋同后如何对企业契约、资本市场和宏观经济等产生影响，并认为揭开这个作用过程的"黑匣子"无论对于准则制定者还是上市公司、分析师以及投资者等财务报告的提供者和使用者来说，都具有重要的意义。

根据上述理论分析可知，企业按照会计准则要求编制财务报告，会计准则变更改变了企业所运用的会计政策的弹性大小，该准则弹性的变化不仅会导致企业管理层的行为变化，也会导致相关利益人（如融资方）的决策，影响到整个社会的经济利益分配和经济资源配置。

3.3　准则导向理论

3.3.1　准则导向的基本观点

准则导向一般表现为规则导向和原则导向两种形式。所谓规则是指用规范的文字约束行为、规范结果，按照具体情况进行处理交易等，划分标准明确且繁杂，不需要专业判断；原则则是只指定大方向和大概思路，执行时执行人需要根据具体情况进行职业判断。而会计准则的规则导向观就是在制定会计准则过程中，更倾向于采用更多条文性的文字规定企业的账务处理方法；

而与之对应的原则导向观则是在制定会计准则过程中，更倾向于采用更多规范性的文字指导企业的账务处理方法。即规则导向观下，在对会计实务处理的规定方面，会计准则、会计制度条文比较详细。如此一来，规则导向有助于会计人员直接对应地查找准则和制度，但由于准则制度规定不能穷尽所有，难免会存在各种漏洞或不严谨。这是由于会计准则往往落后于会计实务，随着经济的发展和各企业经济业务的差异性，总会存在会计准则规范空缺或者规定不够明晰的业务，进而导致企业滥用准则。如果会计准则过于偏向规则导向，企业依然可以通过"组织设计"或"交易设计"来逃避准则刚性的约束，对此原则导向会计准则可避免此种情况的发生；但是如果会计准则过于偏向原则导向，企业就会在准则弹性合理的范围内按自己特殊需求选择会计政策，因此，形成会计准则导向悖论。

3.3.2　原则导向与准则弹性

我国 2006 年颁布的新准则向国际会计准则进行了基本的趋同，借鉴国际会计准则委员会（IASB）的准则制定模式，以基本原则为导向制定了新的会计准则，替代了原来规则导向的会计制度（曾富全，2013）。会计准则实质上是一种基于会计信息的产权配置准则，它界定了由于会计信息的存在而形成不同的会计信息群体的利益关系。2006 年颁布的新会计准则在诸多方面实现了新的突破，特别是规则导向向原则导向的转换表现为会计准则的整体弹性增加。为适应复杂多变的交易环境、交易活动和不确定的交易结果，会计准则必须既有刚性，又有弹性（胡成，2009）。其中，公允价值计量属性的运用，取代了部分历史成本计量属性，就是会计准则弹性增加的一个重要体现。一般认为，公允价值计量属性相对于历史成本计量属性赋予企业处理经济业务的弹性空间较大，进而影响到最终生成和披露出的会计信息质量，包括会计信息可比性。兰弗洛（Rentfro，2000）以美国公司财务报告的提供者为受试对象，运用实验方法研究了会计准则弹性和会计信息可比性之间的关系，其实验结果表明：根据弹性大的会计准则所做出的财务报告决策，其会计信息的可比性要小于根据弹性小的会计准则所做出的财务报告决策，由此经验地支持了会计准则弹性大将导致会计信息更不可比的传统会计理论。本书认为，准则的变更趋势就已经表明了弹性的会计准则更符合当前经济业务的特征，更能满足处理当前这些经济业务的准则需求。也就是说，在特定条件下，准则弹性较高更能适应目前时代经济下不同企业的经济业务处理需求，即更能提升企业之间的会计信息可比性。

3.3.3 准则弹性与契约价值

2006 年颁布原则导向的新会计准则整体表现为会计准则弹性的增加。会计准则弹性具有不同的表现类型，但却有着共同的本质特征，即会计准则弹性的内涵，它赋予了会计准则制定者、经营者、会计信息使用者、审计人员甚至法院等会计信息产权主体一定权利的产权空间（胡成，2011）。会计准则弹性空间的产权主体之间相互制约，共同影响着会计信息的报告及其经济后果。如果准则弹性能够赋予企业恰当的空间，且能更好地满足经济业务处理的需求，披露出的会计信息质量就会较高，还将有助于经济的理性繁荣以及上市公司在资本市场顺利进行融资；反之，资本市场的理性繁荣同样也不能离开披露的高质量会计信息，使得资本市场的资源达到最优配置。总而言之，2006 年会计准则变更后，会计准则弹性整体增加，是为了能够赋予企业管理层一定的政策选择空间，该空间的初衷是有助于会计信息的生产和报告，追求更高质量的会计信息。当然，在会计准则弹性增加的情况下，一些与准则弹性相关的利益与风险也随之产生。也就是说准则弹性往往会受到企业管理层机会主义的侵害，这才削弱了会计信息质量，并非是准则弹性本身导致了会计信息质量的下降。我们相信随着法律制度和监管体制的完善，偏弹性的会计准则能够更好地发挥其本质作用，即能够更好地引导资本市场，促使有效契约的生成与履行。

3.4 融资理论

3.4.1 融资理论的基本观点

融资理论是金融理论中的一个重要组成部分，在众多理论中最具有代表性的理论主要包括权衡理论、MM 理论与优序融资理论。

1. 权衡理论

在权衡理论方面具有代表性的人物包括罗比切克（Robichek，1967）、斯科特（Scott，1976）、梅耶斯（Mayers，1984）等。权衡理论的基本观点是，企业凭借税收屏蔽的方法，通过提高债务来提升企业的价值。但伴随着负债比率的提升，企业面临的财务困境也可能随之恶化，甚至可能导致其宣告破产，如果企业发生了破产清算，难免会产生破产成本。即便企业不宣告破产，但只要其破产的可能性很高，企业面临的财务困境就越大，依旧会给企业带来较大的成本，这是阻挡企业进一步增加借款的一个重要因素。所以，企业必须要平衡好财务杠杆的破产成本和避税效应，才能更好地确定其最佳的资本结构。

2. MM 理论

最先是由美国的莫迪里阿尼和米勒（Modigliani and Miller）两位教授提出了著名的 MM 理论，该理论的基本观点是，在不考虑公司所得税的情况，并且要保证企业的经营风险一致而只有资本结构不一样的情况下，公司的资本结构与公司的市场价值不再具有相关性。换句话说，当公司的资产负债率由百分之零提高到百分之百时，依然不会改变企业的资本总价值和总成本，即企业价值与企业是否负债没有直接关系，最佳资本结构问题将不再存在。修正的 MM 理论是指含税条件下的资本结构理论，它是 1963 年由莫迪里阿尼和米勒共同发表的又一篇与资本结构相关的论文中的核心观点。他们认为，在考虑公司所得税的时候，因为债务的利息为免税支出，能够降低整体的资本成本，提高企业的价值。所以，公司可以通过不断增加财务杠杆利益，进而不断地降低其资本成本，即负债越高，财务杠杆发挥的作用就越显著，公司价值就越大。这表明，当债务资本在资本结构中的占比接近百分之百的时候，才是最佳的资本结构，企业价值才能达到最大，最初的 MM 理论与修正的 MM 理论是众多资本结构理论中关于负债比率的两个比较极端的观点。

3. 优序融资理论

优序融资理论与 MM 理论相比，放宽了完全信息的假设，把不对称信息理论作为基础理论，并考虑交易成本的存在，认为股权融资会把企业经营的负面信息传递出去，而且外部融资需要支付的成本种类多，因而企业融资一般会按照内源融资、债务融资、权益融资的先后顺序进行。优序融资理论的基本观点是：（1）公司更偏向选择内部融资。（2）假设企业需要从外部融资，发行最安全的证券将是公司的首选，也就是说，先考虑债务融资，其次才是权益融资。（3）股息具有"黏性"，因此公司为了避免股息的变化，一般不以减少股息的方式来为资本支出获取融资。即，公司现金流量表中净现金流的变化意味着外部融资的变化。假如公司内部产生的现金流超过其投资需求，多余现金不是用于回购股票而是将用于偿还债务。（4）从各公司的资产负债率基本可以看出公司对外部融资的总需求。

从上述融资理论的核心观点可知，债务融资是企业各种融资方式中提升企业总体价值的一种融资方式。降低综合资本成本、负债利息可以抵税、交易成本相对权益融资更低都是债务融资的优点；其缺陷体现为债务比例是有上限的，资产负债率过高就会导致企业出现财务危机，甚至宣告破产。综上所述，控制好债务规模对企业融资而言是特别关键的。

3.4.2 融资理论与会计信息质量

企业财务状况是可以通过会计信息质量来直接反映的，企业也考虑自身的会计信息质量进行融资决策，例如利润、现金流、资产、负债等指标都是企业在融资时要考虑的因素，然后再对负债能够接受的期限、规模及利率等契约条款做出初步判定。传统的会计计量属性具有可以被量化、能够描述具体金额来源的能力，属于技术层面。2006 年会计准则变更后，大范围地引入公允价值计量属性，对企业会计信息质量带来极大影响，并且进一步影响到企业的融资。由于企业在融资过程中需要鉴定商业契约，公允价值是在经济发展后，契约签订双方对会计信息特点的直接要求（刘浩和孙铮，2008）。公允价值计量属性的引用对企业利润指标的信息含量产生了一些影响，同时也增加了现金流等参考指标的复杂性。企业为了做出更明智的融资决策，就需要理解并运用好公允价值这一计量属性。另外，资金的提供方在获得资金利息收益的同时承担着债权人（企业）违约风险。因此，金融机构在签订债务契约时需要谨慎判断借款企业的财务指标，尤其是公允价值计量下的干扰因素。本小节将为后续的实证研究提供一定的理论借鉴。

3.5　本章小结

首先，本章阐述了契约理论，介绍了契约理论的基本观点，并着重讨论了债务契约理论与公允价值的理论关系，这为后续研究 2006 年颁布的新会计准则中公允价值计量属性运用所导致的准则弹性增加对企业契约成本产生的影响提供了理论基础。

其次，在"会计信息质量理论"中，本章重点介绍了会计信息质量理论的基本观点；阐述了会计准则变更对会计信息质量的影响，特别是公允价值计量属性的运用，让财务报表使用者对企业真实财务状况有更好的理解，有助于提升会计信息质量；梳理了会计信息质量与经济后果理论，并认为会计信息质量能够影响企业管理当局及其他相关利益人的决策。

再次，本章梳理了准则导向理论，对比分析了"规则导向"和"原则导向"两类会计准则的准则弹性差异，并由此引出了会计准则弹性的概念。因为公允价值计量属性的全面运用和实施，大大提高了会计准则弹性，本章以公允价值计量属性为例，讨论其对企业会计信息系统造成的影响。接着，还联系之前的契约理论，分析了准则导向会间接地改变企业的会计准则弹性，对会计信息计量模式带来的改变，并影响到企业契约签订成本。

最后，本章梳理了融资理论中几个具有代表性的观点，分别是权衡理论、MM 理论和优序融资理论。还探究了会计信息质量与融资理论的关系，并认为，为了做出正确合理的融资决策，缔结更加完善有效的契约，企业和金融机构、投资人都必须充分理解准则的信息含义，正确解读会计信息的真正含义。

第 4 章
准则弹性与会计信息可比性

4.1　引　言

    长久以来，一致性（uniformity）与可比性（comparability）一直是会计界争论的焦点之一，如果强行要求企业采用一致的会计政策，将抹杀企业主动进行信号传递的空间。也就是说，会计政策容许一定程度的弹性，以发挥会计报告的信号传递作用。准则弹性增加是国际会计准则（IFRS）发展的趋势之一，也是我国 2006 年新颁布会计准则的最大特征之一。作为重要的新兴市场，中国金融市场处于快速发展、不断变革的时期，对会计信息质量提出了更高的要求。我国为了顺应经济发展和经济全球化的需要，财政部于 2005 年完成了企业会计准则体系的制定。2005 年 11 月 8 日，中国会计准则委员会（CASC）与国际会计准则理事会（IASB）签署联合声明，正式确认我国的企业会计准则体系，基本实现了与国际财务报告准则的趋同。之后要求所有上市公司、部分非上市金融企业和中央大型国有企业自 2007 年 1 月 1 日起实施新会计准则，包括一项基本准则和 38 项具体准则在内的新会计准则。而 2007 年 1 月 1 日执行的新会计准则除了更全面地规范经济事项外，最大特点就是顺应国际潮流，在较大范围内引入了公允价值计量属性，体现为准则弹性的增加。而本书仅选择公允价值计量属性取代历史成本计量属性这一准则变更引起的准则弹性变化为例，区别于其他会计估计等准则弹性变化。这是由于公允价值计量属性取代历史成本计量属性的弹性变化主要体现为：（1）价值计量层面。公允价值计量的资产可以按照其归属的范围选择"具有活跃市场报价"和"不具有活跃市场报价"层次之分；财务报告的提供者在期末判断以公允价值计量的资产价值是否发生变化，并在资产负债表中更改其金额。（2）管理者行为层面。公允价值计量属性赋予了公司管理者选择盈余变现时间的空间。针对此次会计准则的变更，不仅是会计实务界的一项重要改革，也为学术界研究由于历史成本计量属性变更为公允价值计量属性，同时导致准则弹性增加这一经济后果提供了一个良好的契机。

　　一方面，随着资本市场的发展，企业经济业务逐渐拓展和复杂；另一方面，考虑由于不同国家、地区以及行业的差异，2006 年新准则在内容制定方面采用原则导向（principle-based）而非规则导向（rule-based）（De George et al.，2016），更加增大了会计准则本身的弹性。而准则弹性的增加是为了能保证企业对同一类型的明细经济业务账务处理方法更能保持一致性，提升企业的会计信息可比性。根据 IFRS 的财务报告概念框架，可比性是财务报告信息质量的一个重要特征，目的在于使会计信息需求者通过阅读、分析财务报告发现相同经济事项的相似性和不同经济事项的差异性（Barth et al.，2012）。另外，国际会计准则理事会认为，提高地区间财务报告的可比性是国际会计准则趋同的一个主要作用。而我国 2006 年颁布的会计准则的最大特点就是顺应国际发展趋势，并在较大范围内引入了公允价值计量属性，提升了该条会计准则的弹性。例如，A 公司第一年购入 10 万元的金融资产，第二年没有购入类似资产。B 公司第一年没有相似资产，由于通货膨胀等因素，于第二年以 12 万元购入与 A 公司第一年等量不等金额的金融资产。在此情况下，第二年期末 A 公司资产负债表 10 万元的会计信息与 B 公司资产负债表 12 万元的会计信息两者之间是不具有可比性的。如果在公允价值计量模式下：A 公司第一年购入 10 万元的金融资产，第二年没有购入类似资产，由于公允价值变动，其金融资产变为了 12 万元。由于通货膨胀等因素，B 公司第一年没有相似资产，于第二年 12 万元购入与 A 公司第一年等量不等金额的金融资产。在此情况下，第二年期末 A 公司资产负债表 12 万元的会计信息与 B 公司资产负债表 12 万元的会计信息两者之间是具有可比性的。因此，我们认为公允价值会计准则所导致的准则弹性变化可以提高企业之间横向的会计信息可比性。

4.2　相关文献回顾

会计准则作为会计信息生产的统一的国家标准，其指导着会计信息的编制、公布和传递，在资本市场中发挥着不可估量的作用。根据对现有文献的梳理可知，目前关于准则弹性与会计信息可比性的直接研究几乎没有，且绝大多数学者对会计准则与企业会计信息可比性之间关系的分析相对不够深入和全面。据本书研究统计发现，现有文献大部分集中在会计准则趋同对会计信息可比性的影响，还有少部分文献涉及会计准则变更对会计信息可比性的影响。

我国 2007 年 1 月 1 日开始执行的新会计准则与国际会计准则有了实质性的接轨。现有文献证明，使用国际会计准则所编制的财务报表与会计信息，具有较高的质量特征，特别是能提高公司会计信息的透明度与可比性。就会计信息的可比性而言，德弗朗哥等（De Franco et al.，2011）基于财务报告可比性的定义，通过股票收益率和会计盈余信息，构建了财务报告可比性指标。伴随着会计信息可比性指标的构建，国内外学者对会计信息可比性的研究也随之增多。研究表明，IFRS 实施之后各国或者各地区之间的报表可比性增加（Yip and Young，2012）。另外，现已有研究结论指出，部分国家或地区已经实现了与国际会计准则趋同的首要目标，即降低不同地区公司间的信息获取、整理及比较分析的成本，提高不同地区公司间的财务报告可比性（Barth et al.，2012；Neel，2016）。还有研究发现，公司在采用国际会计准则之后，这些国家之间的可比性会增加（Lang et al.，2010）。从上述文献可以看出，会计准则趋同如何影响财务报告可比性是当前会计学研究的重点关注的问题之一，而本书重点关注会计准则趋同过程中，由于会计准则变更导致的准则弹性变化是如何影响财务报告可比性的。众多研究只是表明会计准则变更可以使得企业执行的会计准则质量更高，为财务报告可比性目标的实现提供了支持，但是很少深入地关注到部分资产的计量属性由历史成本变更为公允价值所导致的准则弹性增加对会计信息可比性的影响。

在国内研究方面，由于我国自 2007 年起统一实行新准则，国内目前关于新准则影响的讨论主要集中于新准则实施对我国企业财务报告质量及其他相关经济后果方面（罗婷等，2008；张先治等，2014；金智，2010），而对会计准则变更与会计信息可比性的直接研究成果较少。例如，袁知柱等（2017）通过测度了 2002～2012 年的中国上市公司会计信息可比性值，研究发现，新会计准则实施初期会计信息可比性没有显著变化，而当实施进入成熟期后会计信息可比性有显著提升。易阳等（2017）综合利用 A 股与 H 股、港股对比，检验了会计准则趋同是否及如何影响财务报告可比性的问题。研究发现，会计准则趋同后，A 股与 H 股、港股的可比性显著提升；A 股与港股的可比性提升水平大于 A 股与 H 股。同时，A 股公司所在地区投资者保护程度越低，其与 H 股和港股的可比性提升程度越大。此外，会计准则趋同后财务报告可比性的提升未能增加境外机构对 A 股的投资。根据上述文献梳理可知，现有学者对准则变更如何影响企业会计信息可比性已经逐步关注，但是对准则变更引起的准则弹性变化，以及该变化对企业会计信息可比性的关注度依然不足。

4.3　理论分析与研究假设

会计准则规范了财务报告的内容、格式及相关要求，作为一种标准，它为保证会计信息的可比性创造了条件（张先治等，2015），说明会计信息可比性的实现有赖于会计准则的发展。而我国会计准则的产生和发展，在很大程度上缘于资本市场的发展。通常现代资本市场是建立在信息披露的基础之上的，具有可靠性和相关性的会计信息才是资本市场健康、有序发展的必要条件。总之，会计信息有利于资本市场的发展，资本市场的发展推动着会计准则的变更且影响着会计信息质量。我国于2006年2月15日发布了包括1项基本准则和38项具体准则在内的一整套新的企业会计准则体系，实现了与国际会计准则的实质性趋同。我国财政部于2014年以后又进行了部分会计准则的更新，以保持与国际会计准则的持续趋同。众所周知，国际会计准则趋同的首要工作是消除不同国家或地区会计准则间的差异，提供一套高质量的准则体系，以保障准则的一致性（Barth et al.，2012）。这就导致国际上统一执行的会计准则在内容制定方面采用原则导向（principle-based）而非规则导向（rule-based）（De George et al.，2016）。在最新的概念框架中国际会计准则理事会（IASB）指出，"可比性是一种对决策非常有用的会计信息质量，它使得财务报告使用者能够从两组经济现象中识别出相似与区别之处"。这说明可比性使不相似的交易看起来不同，使得相似的交易看起来相似。在我国企业会计准则的基本准则中也指出："可比性是指企业的会计核算应当按照规定的会计处理方法进行，会计指标应当口径一致、相互可比"（张先治等，2015）。从中可以看出，可比性要求包括不同企业之间的会计信息具有横向的可比性，同一企业不同时期的会计信息要具有纵向的可比性，只要是相同的交易或事项，就应当采用相同的会计处理方法（袁知柱和吴粒，2012）。也就是说，趋同后的会计准则与趋同前的会计准则之间存在一定的差异，即更加关注会计准则加工出的会计信息可比性。我国的会计准则和IFRS保持趋同后，各企业在原则导向的准则体制下，企业在准则规定范围内选择具体的会计方法时，一经确认不能随意更改。不过，正是基于原则导向，新准则提供了较大的准则弹性空间，可以更好地满足企业经济业务处理的需求，使得企业能够拥有足够的会计政策或会计方法的选择空间，最终使其披露出的会计信息更加接近与之对应的经济活动本质。这意味着，从理性角度分析，企业为了保证其能在长期内如实地反映财务状况和经营成果，同类型的企业在选择最优会计方法时应该具有相似性，披露出的会计信息也将更加可比。准则趋同可以提高不同公司间的财务报告可比性（Herrmann et al.，2006）。我们可以预期准则趋同引起的会计准则弹性增加，特别是公允价值计量属性替代部分历史成本计量属性所导致的准则弹性增加，因为其弹性主要特点是"财务报告的提供者在期末判断以公允价值计量的资产价值是否发生变化，并在资产负债表中更改其金额"，故该弹性变化可以提高不同企业之间的会计信息可比性。

综上所述，我们得出以下研究假设。

假设 4 - 1：公允价值准则变更导致的会计准则弹性增加能够提升企业的会计信息可比性。

4.4　实证研究设计

4.4.1　变量定义与模型设计

在本章实证研究设计中，考虑到会计政策变更作为一个外生事件，我们借鉴了双重差分思想。森费尔特和卡德（Ashenfelter and Card，1985）首次提出双重差分模型（DID），双重差分模型能够有效消除存在于公司财务领域的内生性问题，并且近些年较多文献都运用这一研究方法来研究变量之间的因果关系（肖浩和孔爱国，2014）。因为政策冲击的外生性和政策使用对象的限定性，我们可以把样本分为两类，包括受政策影响的样本（实验组，treatment group）和没有受到政策影响的样本（控制组，control group）。DID 模型作用在于其可以通过比较实验组和控制组在实验前后差异的变化来控制两者的系统性差异，进而达到检验某项政策的实施效果。

我国公允价值会计准则是随着 2006 年新会计准则的变更，于 2007 年 1 月 1 日在上市公司账务处理中又一次正式大范围地实施。公允价值计量属性的运用提升了该项会计准则弹性，但是每一条会计准则弹性具体到每一家企业的影响数并非是一致的。也就是说，根据企业自身经济业务特征，每一家企业可以运用该准则而得到的准则弹性空间是不一样的，各企业层面所涉及的准则弹性也就不同。例如，某上市公司本身并不存在以公允价值计量的资产或者负债，那么该公允价值准则对其来说是无用的，没有发挥出准则弹性的作用；而另外一家上市公司存在较多以公允价值计量的资产或者负债，那么该公允价值准则对其来说是具有弹性的。如此一来，本书将其公允价值计量的资产占比作为企业层面准则弹性的替代变量，占比较高（受到政策影响较大）为实验组（treatment group），占比较低（受到政策影响较小）为控制组（control group）。如此便为本书使用双重差分模型检验其对企业会计信息可比性的影响提供了很好的条件。首先，公允价值准则实施发生的时间具有外生性。其次，公允价值准则对企业层面的准则弹性的影响程度有差异为本书创造了天然的实验组和控制组。

本章节的实证研究设计是双重差分模型，如下所示：

$$CompAcct_{it} = \beta_0 + \beta_1\,Treat_{it} + \beta_2\,Post_{it} + \beta_3\,Treat_{it} \times Post_{it} + \beta_4\,B/M_{it} +$$
$$\beta_5\,Size_{it} + \beta_6\,Lev_{it} + \beta_7\,CFO_{it} + IND + \varepsilon_{it} \tag{4.1}$$

其中，$CompAcct$ 为公司 i 在 t 期的会计信息可比性；$Treat$ 为实验组虚拟变量。由于本书主要研究 2006 年会计政策变更所导致准则弹性变化的经济后果，所以我们选择会计政策变化前后窗口期的样本为主检验样本。首先求样本数据公司 i 以公允价值计量的资产占总资产比重（2005 年、2006 年以历史成本计量且 2007 年及以后年份以公允价值计量的资产）的均值，然后对各公司的均值取中位数，高于中位数的公司为实验样本，取值为 1；反之为 0；$post$ 为实验期识别变量，2007 年及以后年份为实验期，取值为 1，反之为 0。β_3 刻画了公允价值准则对企业会计信息可比性大小的影响，是本书主要关注的对象。在控制变量中，B/M 为企业账面价值与市场价值的比值；$Size$ 为企业规模。

其中，该模型中最为重要的准则弹性和会计信息可比性的计算具体如后文所述，其他各变量的定义与计算公式如表 4.1 所示。

表 4.1   变量定义与计算公式

变量代码	变量名称	变量取值方法及说明
$CompAcct_{it}$	会计信息可比性	根据德弗朗哥等（2011）计算方法计算而得，本书选取配对后前四以内的公司的均值代表该公司的可比性
$Treat_{it}$	实验组虚拟变量	首先求样本数据公司 i 以公允价值计量的资产占总资产比重（2005 年、2006 年以历史成本计量且 2007 年及以后年份以公允价值计量的资产）的均值，然后对各公司的均值取中位数，高于中位数的公司为实验样本，取值为 1，其他为对照组，赋值为 0
$Post_{it}$	事件年度	事件年度为 2007 年，2007 年及以后取值为 1，否则为 0
$Treat_{it} \times Post_{it}$	交乘项	交乘项表示处理组在事件期前后的差异减去对照组在事件时期前后的差异，从而能够衡量政策变化带给处理组的增量效应
B/M_{it}	账面市值比	企业账面价值占市场价值的比重
$Size_{it}$	企业规模	对企业总资产取自然对数
Lev_{it}	资产负债率	总负债占总资产的比重
CFO_{it}	现金流量	企业经营活动产生的现金流量净额占期初总资产的比重

1. 准则弹性

准则弹性就是指会计准则允许财务报告的提供者在会计信息生产和披露过程中具有一定程度的主观判断或自由选择（胡成，2008）。根据会计准则弹性的含义可知，综合度量整个会计准则的弹性就需要评估出每一条会计准则赋予财务人员的"选择域"大小。但是整体性准则弹性的评估也带有一定难度，迄今没有一个统一的标准。由于本书的研究对象主要是准则变化引起准则弹性变化所导致的经济后果，所以本书重点关注各准则变更最具有代表性的一次变更——2006 年会计准则变更后准则弹性变化的影响。例如，对于发出存货计量方法，我国会计准则在 1993 年采用先进先出法、加权平均法、移动平均法、个别计价法和后进先出法，1998～2003 年期间准则并未发生变化，而 2006 年会计准则变更主要保留了先进先出法、加权平均法或个别计价法，体现为准则弹性的变小。但是不足之处是该准则变化仅涉及存货项目。经梳理 2006 年会计准则变更特点，我们特别关注到，新会计准则的最大特征之一就是重新开始大范围地运用公允价值计量属性，取代部分历史成本计量属性，体现为准则弹性的增加。这是由于历史成本计量属性的定义是以取得资产时实际发生的成本作为资产的入账价值，随着时间变化账面价值不做调整，这些信息对于未来收益的预测是非常粗略的；而 FASB 在 2006 年发布的 FAS 157《公允价值计量》中的定义是：公允价值是指在计量日当天，市场参与者在有序交易中出售资产所能收到的价格或转移负债所愿意支付的价格。也就是说公允价值是按照市场情况，在自愿和公平交易的状况下买卖双方所确定的价格，可以反映企业资产、负债以及权益的公允价值和其相关变动，可以帮助股东及时得知其股权价值的变动，同时能够反映管理者经营成果的水平。可见，相比历史成本观，公允价值观能更有效地反映价值变动的信息，使得会计信息更能贴近和满足股东的信息需求（张先治等，2014）。根据会计准则我们统计出公允价值计量与历史成本法的区别如表 4.2 所示。

表 4.2　　　　　　历史成本计量属性和公允价值计量属性的比较

区别	历史成本计量下	公允价值计量下
（1）	静态计量	动态计量
（2）	符合收付实现制和权责发生制	部分违背权责发生制和收付实现制
（3）	侧重收入与成本匹配	侧重资产和负债价值的动态变化
（4）	基本在表内反映	表外披露、表内反映
（5）	以实际成本计量	①换入资产或换出资产存在活跃市场，以市场价格为基础确定公允价值。②换入资产或换出资产不存在活跃市场，但同类或类似资产存在活跃市场，以同类或类似资产市场价格为基础确定公允价值。③换入资产或换出资产不存在同类或类似资产可比交易市场，采用估值技术确定公允价值。采用估值技术确定公允价值时，要求采用该估值技术确定的公允价值估计数的变动区间很小，或者在公允价值估计数变动区间内，各种用于确定公允价值估计数的概率能够合理确定

在我国，企业采用公允价值计量主要集中在股票、债券、基金、投资性房地产和企业并购重组等方面（刘玉廷，2010）。接下来，为了更好地研究该项准则弹性变化对企业的影响，本书把各上市公司 2007 年及以后以公允价值计量（2005～2006 年以历史成本计量）的资产占期末总资产的比重取均值，高于均值的公司为实验组，低于均值的公司为对照组。本书并未采用公允价值对利润表的影响数来代表每家企业所面临的准则弹性空间。这是由于公允价值变动损益本来就具有不稳定的含义，即便是按照已有研究把公允价值对利润表的影响数定为"公允价值变动损益＋投资收益中归属于交易性金融资产的部分"（张金若等，2013），也难以把所有公允价值计量属性涉及的经济业务涵盖周全。

2. 会计信息可比性

根据前文阐述的方法，本书参考袁知柱和吴粒（2012）的方法，采用德弗朗哥等（2011）构建的会计系统可比性测度方法，把会计系统定义为企业经济业务生成财务报表的转换过程，用函数形式表述如下：

$$Financial\ Statements_i = f_i(Economic\ Events_i) \qquad (4.2)$$

其中，$f_i()$ 表示公司 i 的会计系统，两个公司的会计信息转换差异越小，则会计系统的可比性越强。根据这个逻辑，给定类似的经济业务，如果两个公司能够得到类同的财务信息，则会计信息可比性就更强，即，拥有可比性较大。也就是说，拥有可比性会计信息系统的两家公司 i 和 j，$f_i()$ 和 $f_j()$ 的差异应该比较小，给定经济业务 X，两家公司 i 和 j 生产的会计信息差异也比较小。为了使得上述定义具有更强的操作性，本书研究与德弗朗哥等（2011）一致，用股票收益代表经济业务对公司的净影响，用会计盈余这一重要的财务指标代表公司的会计信息。为了计算公司 i 第 t 期的会计信息可比性，使用第 t 期前的连续 16 个季度数据，如公式（4.3）所示：

$$Earnings_{it} = \alpha_{it} + \beta_{it} Return_{it} + \varepsilon_{it} \qquad (4.3)$$

其中，$Earnings_{it}$ 为公司 i 第 t 期的季度会计利润，用季度净利润与季度净资产的比值来表示，而 $Return_{it}$ 为公司 i 第 t 期季度股票收益率。根据方程（4.2）可知，式（4.3）的估计系数 $\hat{\alpha}_i$ 和 $\hat{\beta}_i$ 表示公司 i 的转换函数 $f_i(\cdot)$。类似的，$\hat{\alpha}_j$ 和 $\hat{\beta}_j$ 表示公司 j 的转换函数 $f_j(\cdot)$（通过公司 j 的 $Earnings_{jt}$ 与 $Return_{jt}$ 回归估计得到）。

本书主要是考察 2006 年会计准则弹性变化对企业的影响，并以公允价值计量属性为例。根据对会计准则的阅读和梳理，以及已有文献的分析，我们认为 2001～2006 年执行的历史成本计量属性是偏刚性的，2007～2013 年执行的公允价值计量属性是偏弹性的，所以本书研究以 2007 年为分界线。但是由于计算会计信息可比性要涉及连续 16 个季度，而国泰安数据库数据是从 2002 年才有季度数据，故本书研究仅可以计算 2005～2013 年这段时间的企业会计信息可比性，其中计算出的 2007～2009 年会计信息可比性，同时涉及了 2001 年和 2006 年会计准则。所以，在后续进一步的检验中，本书研究以 2005～2006 年和 2010～2013 年的数据对此进行了稳健性分析。

两个公司转换函数的接近程度表示会计信息可比性，为了估计这种接近程度，相同期间不同公司 i 和 j 转换函数的接近程度表示会计信息可比性大小，为了估计这种相分离程度，假定经济业务和准则弹性相同的两家公司（用 $Return_{it}$ 表示），分别采用各公司的转换函数来计算对于公司 i 连续 16 个季度和公司 j 连续 16 个季度的预期盈余，如公式（4.4）和公式（4.5）所示。

$$\begin{cases} E(Earning)_{iit} = \hat{\alpha}_i + \hat{\beta}_i\,Return_{it} & (4.4) \\[2mm] E(Earning)_{ijt} = \hat{\alpha}_i + \hat{\beta}_i\,Return_{it} & (4.5) \end{cases}$$

在计算会计信息可比性的公式（4.5）中，$E(Earnings)_{ijt}$ 表示在期间 t，依据公司 j 的函数及公司 i 的股票收益计算得到公司 j 的预期盈余。上述公式（4.4）和公式（4.5）均采用公司 i 的收益 $Return_{it}$ 来做预测（不失一般性，也可以用 $Return_{jt}$ 来预测），这样就可以计算两家公司在经济业务类同的情况下所生产的盈余的差异程度。

定义两个公司 i 和 j 的会计信息可比性（$CompAcct_{ijt}$）为两个公司预期盈余差异绝对值平均数的相反数，如公式（4.6）所示。

$$CompAcct_{ijt} = -1/16 \times \sum_{t-15}^{t} \left| E(Earning)_{ijt} - E(Earning)_{iit} \right| \qquad (4.6)$$

其中，会计信息可比性（$CompAcct_{ijt}$）值越大，表示公司 i 和公司 j 的会计信息系统差异越大，即可比性越高。我们不但计算了公司 i 和公司 j 之间的可比性，还通过以下方法计算得到每一家公司 i 的年度公司层面（firm-year measure）会计信息可比性测度值，也是本书研究后面实证检验过程中运用的指标。计算过程是，通过先核算出同一行业内的每一对公司（组合 i 和 j）的会计信息可比性大小，然后以公司 i 为配对基础，将所有与 i 配对的组合的可比性值按从大到小排序，然后对可比性排名最高的前四对组合取平均值，其值越大就意味着会计信息可比性越强。本书研究同时选用四对组合取平均值作为可比性度量指标。这是因为资本市场上的投资者大多数时候仅选取行业内可比性最高的几家公司（4~6 家）来评估会计信息可比性，如果考虑过多公司反而可能给评估结果带来"噪音"（袁知柱和吴粒，2012）。

4.4.2 样本选择和数据来源

本书以 2006 年会计准则变化前后的深、沪 A 股上市公司为研究对象。由于会计信息可比性的计算要求连续 16 个季度的数据，而 2001 年执行的新会计准则，我们从国泰安数据库能获取的季度数据是从 2002 年开始的，于是能够计算出的会计信息可比性是从 2005 年开始。由于本书研究是基于 2006 年会计政策变更的经验证据，为了保持 2006 年会计准则变化前后样本数据前后尽可能地保持平衡，我们在主检验里用到的数据截至 2011 年。为了进一步考察最近几年会计准则执行的现状，我们在后续稳健性检验里面把实验样本期间延长至 2016 年。本书所运用的数据均来自国泰安信息技术有限公司

（CSMAR）提供的数据。根据本书研究的目的，也为了保证研究结论的稳健性，我们对初步选址的样本进行了如下处理：筛选删除金融行业样本，剔除模型中变量数据缺失的公司。

4.5　实证结果及分析

4.5.1　描述性统计

主要变量的描述性统计如表 4.3 所示。其中，因变量会计信息可比性（*CompAcct*）的平均数为 −0.0410，表明全样本公司之间的可比性大小；实验组和对照组的分组变量（*Treat*）的平均值为 0.5418，基本符合分组要求；外生事件前后变量（*Post*）的平均值为 0.7520，这主要是因为我们的样本在事件之前仅有 2005 年和 2006 年，共两年数据，而事件之后的数据是从 2007 ~ 2011 年，共五年数据；我们重点关注的自变量交乘项（*Treat* × *Post*）的平均值是 0.3770。

表 4.3　　　　　　　　　　　　　　主要变量的描述性统计

变量	观测值	均值	标准差	最小值	最大值
$CompAcct_{it}$	5528	− 0.0410	0.0488	− 0.3929	− 0.0123
$Treat_{it}$	5528	0.5418	0.4983	0.0000	1.0000
$Treat_{it} \times Post_{it}$	5528	0.3770	0.4847	0.0000	1.0000
$Post_{it}$	5528	0.7520	0.4319	0.0000	1.0000
$Size_{it}$	5528	21.8152	1.1719	19.2878	26.9545
B/M_{it}	5528	1.1204	0.9057	0.1211	7.0037
Lev_{it}	5528	0.5185	0.1889	0.0766	1.0630
CFO_{it}	5528	0.0569	0.1007	− 0.7505	1.0293

主要变量的 Pearson 相关系数如表 4.4 所示。我们主要研究的自变量交乘

项（$Treat \times Post$）与因变量会计信息可比性（$CompAcct$）之间是显著正相关，这表明会计准则弹性变化后，企业会计信息可比性增加。这也是我们重点关注的会计准则弹性变化对企业可比性的影响，且与我们的预期相符。针对在新会计准则实施后部分资产项目采用公允价值计量属性取代旧会计准则的历史成本计量属性之后，此类资产占总资产比重较大的公司，相对于此类资产占比较小的公司的会计信息可比性提高得更多。即，面临准则弹性空间越大的公司，企业会计信息可比性提升得越多。

表 4. 4   **Pearson 相关系数分析**

变量	$CompAcct_{it}$	$Treat_{it}$	$Treat_{it} \times Post_{it}$	$Post_{it}$	$Size_{it}$	B/M_{it}	Lev_{it}	CFO_{it}
$CompAcct_{it}$	1							
$Treat_{it}$	-0.037^{***}	1						
$Treat_{it} \times Post_{it}$	0.083^{***}	0.715^{***}	1					
$Post_{it}$	0.167^{***}	-0.141^{***}	0.447^{***}	1				
$Size_{it}$	0.112^{***}	-0.01	0.092^{***}	0.165^{***}	1			
B/M_{it}	0.027^{**}	0.034^{**}	-0.107^{***}	-0.254^{***}	0.407^{***}	1		
Lev_{it}	-0.179^{***}	-0.02	-0.030^{**}	-0.019	0.238^{***}	0.429^{***}	1	
CFO_{it}	0.047^{***}	-0.089^{***}	-0.097^{***}	-0.044^{***}	0.062^{***}	-0.132^{***}	-0.142^{***}	1

注：$*$、$**$、$***$ 分别表示在 10%、5%、1% 水平上显著。

4. 5. 2   实证结果分析

根据表 4.5 中的回归结果，我们可以进一步分析出公允价值计量属性带来的准则弹性变化对企业会计信息可比性的影响效果。首先，交乘项（$Treat \times Post$）的回归系数为 0.0094，且在 5% 的水平上显著为正。这说明随着 2007 年开始实施和执行的公允价值计量属性会导致企业会计信息可比性增加，并且公允价值计量资产较多的企业（实验组）受到会计政策变更的影响更大。也就是说，实验组相对于控制组而言，企业的会计信息可比性（$CompAcct$）提高的程度较高，验证了上述研究假设。研究结果表明，2006 年新会计准则颁布且实施之后，企业运用公允价值计量属性替代部分历史成本计量属性后，该项准则弹性增加可以提高企业在同行业之间的会计信息可比性。

表4.5　　　　　　公允价值准则政策变化对企业会计信息可比性的影响效果

因变量	$CompAcct_{it}$	系数
自变量	$Treat_{it}$	-0.0068 * (-1.8600)
	$Post_{it}$	0.0154 *** (5.1400)
	$Treat_{it} \times Post_{it}$	0.0094 ** (2.4900)
控制变量	B/M_{it}	0.0080 *** (8.2600)
	$Size_{it}$	0.0036 *** (4.4000)
	Lev_{it}	-0.0665 *** (-10.7100)
	CFO_{it}	0.0038 (0.3800)
	$Constant$	-0.0926 *** (-5.6200)
	行业	控制
R^2		0.1719
N		5528

注：( ) 内为回归系数的 T 值，* 、** 、*** 分别表示在10%、5%、1%水平上显著。

另外，我们除了关注和分析主要的自变量外，我们也注意到一些控制变量。企业的账面市值比（ B/M ）的回归系数为0.0080，且在1%的水平上显著为正。这说明账面市值比越高，企业的会计信息可比性就会越强。可能是由于企业账面市值比高，企业的投资价值大，同时企业的会计信息质量也较好。企业规模（ $Size$ ）的回归系数为0.0036，也在1%的水平上显著为正，这说明一般大型企业制度比较规范，受到外界关注度较高，各方监督也比较多，会计信息质量相对较高，会计信息可比性也就相对较高。企业的资产负债率（Lev）的回归系数为 -0.0665，也在 1% 的水平上显著为正，这说明财务杠杆较高的企业将会面临更多风险，会计信息质量可能也比较差。现金流量（CFO）回归系数为 0.0038，但是不具有显著性。此外，我们还控制了行业固定效应以剔除行业差异对估计结果的影响。我们对模型估计均进行了 Robust 处理，同时对模型估计系数的标准差按照公司进行聚类调整（Clustered by firm），以更准确地估计系数的显著性。

4.5.3 稳健性分析

（1）相关事件（比如 2012 年和 2014 年财政部两次大规模修订会计准则）将会对财务报告可比性的估计产生一定程度的影响。但是这些变化对公允价值计量属性相对于历史成本计量属性的变化并未产生质的变化。当然，将样本期间扩展至 2016 年，回归结果如表 4.6 所示。根据表 4.6 中的回归结果，我们不难发现交乘项（$Treat \times Post$）依然与会计信息可比性（$CompAcct$）显著正相关，这说明长期来看公允价值计量属性替代部分历史成本计量属性所导致的准则弹性增加依然可以提高企业的会计信息可比性，即本书结论并未发生实质性的变化。

表 4.6　　公允价值准则政策变化对企业会计信息可比性影响的长期效果

因变量	$CompAcct_{it}$	系数
自变量	$Treat_{it}$	-0.0062 （-1.6000）
	$Post_{it}$	0.0143 *** （6.2200）
	$Treat_{it} \times Post_{it}$	0.0078 ** （2.0000）

因变量	$CompAcct_{it}$	系数
控制变量	B/M_{it}	0. 0050 *** （8. 3300）
	$Size_{it}$	0. 0019 *** （3. 6200）
	Lev_{it}	− 0. 0482 *** （− 11. 8600）
	CFO_{it}	− 0. 0082 （− 1. 4000）
	$Constant$	− 0. 0739 *** （− 6. 8800）
	行业	控制
R^2		0. 1118
N		10503

注：（）内为回归系数的 T 值，＊、＊＊、＊＊＊分别表示在10%、5%、1%水平上显著。

（2）本书分别利用2002～2005年、2003～2006年的季度数据估计2005年、2006年（准则趋同前）的财务报告可比性，然后再用对称的时间段2007～2010年、2008～2011年的半年度数据估计出2010年、2011年（准则趋同后）的财务报告可比性。根据表4.7的结果分析，交乘项（$Treat \times Post$）的回归系数依然显著为正。这更稳健地说明随着2007年开始实施和执行的公允价值计量属性会导致企业会计信息可比性增加，并且公允价值计量资产较多的企业（实验组）受到会计政策变更的影响更大，相对于控制组而言，企业的会计信息可比性（$CompAcct$）提高的程度较高。总之，尽管数据筛选虽然发生变化，但是我们的结论依然保持成立。

表4.7　　　公允价值准则政策变化对企业会计信息可比性的影响效果

因变量	$CompAcct_{it}$	系数
自变量	$Treat_{it}$	− 0. 0056 （− 1. 5500）

续表

因变量	$CompAcct_{it}$	系数
自变量	$Post_{it}$	0. 0132 *** (4. 1500)
	$Treat_{it} \times Post_{it}$	0. 0090 ** (2. 3600)
控制变量	B/M_{it}	0. 0104 *** (7. 6600)
	$Size_{it}$	0. 0031 *** (3. 0000)
	Lev_{it}	− 0. 0768 *** (− 9. 0100)
	CFO_{it}	0. 0078 (0. 5200)
	$Constant$	− 0. 0811 *** (− 3. 9000)
	行业	控制
R^2		0. 2080
N		3438

注：（ ）内为回归系数的 T 值，* 、** 、*** 分别表示在10% 、5% 、1% 水平上显著。

（3）由于本书在测算会计信息可比性后对数值有不同的选取方式，前文是采用企业与该行业内其他每一家企业之间的会计信息可比性前四的平均值，这里将其分别替换为企业与该行业内其他每一家企业之间的会计信息可比性的均值、中位数，来分别作为该企业的会计信息可比性，然后分别重新进行回归。结果显示，各个模型的回归结果未发生实质性变化。所以，会计信息可比性取值方法的不同并不会影响本章结论的稳健性。

4.6　进一步分析

已有研究表明，国际会计准则的统一执行可以提高会计信息可比性（Yip

and Young，2012；Brochet et al.，2013；Wang，2014），但会计准则趋同并不必然导致会计信息可比（Defond et al.，2011），其他主客观因素也会对最终的会计信息可比性产生影响，比如卡普昆等（Capkun et al.，2011）指出 IF-RS 中大量公允价值计量的应用，导致更多的主观判断和操纵空间。也就是说，提高 IFRS 的执行弹性，会导致盈余管理的空间扩大。因此，本书研究认为，影响企业公开披露会计信息的可比性的因素，除了面向不同利益相关者的披露动机之外，还包括企业自身特点和一系列约束机制，例如企业经济业务复杂程度、企业所处地区的法律制度环境。因此，接下来我们分别考虑会计信息提供者的动机、企业经济业务复杂度和地区法律制度环境三个因素对上述研究结论的影响。

4.6.1　企业盈余管理动机的影响

根据部分已有研究文献可知，相对于刚性会计准则，弹性会计准则会为准则执行人的盈余管理行为提供更多的选择空间。这是由于在会计政策的选择和会计估计的判断方面，需要用到会计职业判断，在此过程中企业管理人员难免会带有不同意图。比如，在对金融资产公允价值估值时，金融资产不存在活跃市场的，企业应当采用估值技术确定其公允价值。估值技术包括参考熟悉情况并自愿交易的各方进行的市场交易中使用的价格、参照实质上相同的其他金融资产的当前公允价值、现金流量折现法和期权定价模型等。由此不难看出，公允价值计量属性确实更富有弹性空间，可能会对报告准备者产生一定的影响。因此，我们需要检验报告准备者的不同动机会产生差异性的准则使用效果，是否会影响财务报告的可比性。接下来，我们对实验样本进行了分组回归，回归结果如表 4.8 所示。

根据表 4.8 中"具有盈余管理动机"组的回归结果可以看出，交乘项（Treat×Post）的回归系数为 0.0105，依然为正，但是不再具有显著性。这意味着，如果企业具有一定的盈余管理动机，表明管理者很有可能利用准则弹性

表 4.8　　　公允价值准则政策变化对企业会计信息可比性的影响效果

变量	分组	具有盈余管理动机	不具有盈余管理动机
因变量	$CompAcct_{it}$	系数	系数
自变量	$Treat_{it}$	-0.0064 (-0.9800)	-0.0069^{**} (-1.9400)
	$Post_{it}$	0.0236^{***} (4.4100)	0.0065^{***} (2.3300)
	$Treat_{it} \times Post_{it}$	0.0105 (1.5800)	0.0072^{***} (2.0400)
控制变量	B/M_{it}	0.0108^{***} (6.8300)	0.0035^{***} (3.3000)
	$Size_{it}$	0.0041^{***} (3.2000)	0.0027^{***} (2.4500)
	Lev_{it}	-0.0841^{***} (-9.3800)	-0.0369^{***} (-5.700)
	CFO_{it}	0.0131 (1.2000)	-0.0447^{***} (-2.0900)
	$Constant$	-0.1067^{***} (-3.9900)	-0.0711^{***} (-3.5300)
	行业	控制	控制
R^2		0.2044	0.1587
N		2854	2674

注：（　）内为回归系数的 T 值，$*$ 、$**$ 、$***$ 分别表示在 10% 、5% 、1% 水平上显著。

空间进行盈余操纵，降低了企业之间的会计信息可比性，即上述表 4.5 中的研究结论将不再成立。根据表 4.8 中"不具有盈余管理动机"组的回归结果可以看出，交乘项（$Treat \times Post$）的回归系数为 0.0072，依然在 1% 的水平上显著为正，与上述表 4.5 中的回归结果保持一致，上述研究结论依旧成立。因此，本书研究认为，财务报告可比性是准则弹性和报告准备者动机一致性的综合结果。

4.6.2 企业经济业务复杂度的影响

企业经济业务的复杂程度是企业真实经济状况的一种描述。虽然有研究表明业务复杂性的增加会引发大股东和管理层机会主义概率的增加（Bushman et al.，2004），并认为企业业务复杂性越高，企业机会主义行为被发现的概率越低（赵子夜，2006）。这意味着，企业经济业务复杂度对企业管理层的机会主义行为、公司会计信息的透明度都将会产生影响。但是，我们认为经济业务复杂度较高的企业更适合原则导向的会计准则，即会计准则如果是规则导向，但不能穷尽所有的经济业务处理，而弹性的会计准则更能满足复杂经济业务的处理需求，披露出的会计信息也就更能反映企业的真实经济活动。同样的，公允价值计量属性涉及很多企业的账务处理，且相对于历史成本计量属性更富有弹性，我们预测企业的经济业务复杂度不同，公允价值计量属性对企业会计信息可比性的影响效果应该有所差异。也就是说，经济业务复杂的企业相对经济业务简单的企业，公允价值准则对会计信息可比性的影响应该更为显著。

本书参考赵子夜（2006）的做法，首先计算出各个企业各业务分部的营业收入占比，然后分别取平方值，再对平方值进行求和，最后在各个企业各业务分部占比平方和的全样本中取中位数，中位数以上的企业经济业务具有同质性；反之，企业经济业务具有多样性。然后我们对实验样本进行了分组回归，回归结果如表4.9所示。从表4.9的左列中我们可以看出，如果企业的经济业务类型较为复杂，交乘项（$Treat \times Post$）的回归系数是0.0128，依然在1%的显著水平上显著为正，我们的结论依然保持成立；但是如果企业的经济业务类型较为单一，交乘项（$Treat \times Post$）的回归系数为 -0.0012，且不再具有显著性。这说明，我们上述的猜测和分析是成立的。虽然经济业务复杂的企业可能会因为业务复杂程度越大，企业经济业务越分散，导致公司透明度降低，但是对于准则弹性而言，经济业务类型较为复杂的企业更需要弹性的准则以满足经济业务的处理需求，来提升其会计信息质量。

表 4.9　　　　　公允价值准则政策变化对企业会计信息可比性的影响效果

变量		经济业务类型复杂	经济业务类型不复杂
因变量	$CompAcct_{it}$	系数	系数
自变量	$Treat_{it}$	− 0. 0113 ** (− 2. 4300)	− 0. 0023 (0. 3000)
	$Post_{it}$	0. 0137 (3. 5900)	0. 0197 (3. 1000)
	$Treat_{it} \times Post_{it}$	0. 0128 *** (2. 6100)	− 0. 0012 (− 0. 1500)
控制变量	B/M_{it}	0. 0101 *** (5. 4300)	0. 0049 *** (3. 7200)
	$Size_{it}$	0. 0048 *** (2. 8300)	0. 0025 (2. 1400)
	Lev_{it}	− 0. 0769 *** (− 6. 4300)	− . 0558 *** (− 6. 1500)
	CFO_{it}	0. 0099 (0. 4600)	− 0. 0220 *** (− 1. 5200)
	$Constant$	− 0. 1097 *** (− 3. 2700)	− 0. 0836 *** (− 3. 5500)
	行业	控制	控制
R^2		0. 1879	0. 1640
N		1935	1935

注:( ) 内为回归系数的 T 值, * 、 ** 、 *** 分别表示在 10% 、5% 、1% 水平上显著。

4.6.3　地区法律制度环境的影响

巴斯等 (Barth et al. , 2012) 指出, 外部法律环境、会计准则以及财务人员对会计准则的解读和执行等因素都会影响披露的会计信息质量。较早的研究表明, 国际会计准则的统一执行可以显著提高会计信息可比性 (Yip and Young, 2012; Brochet et al. , 2013; Wang, 2014)。然而, 不同国家执行准则的力度不同，因此准则趋同并不必然导致会计信息可比（Defond et al.，2011）。同样，即使在同一个国家，由于公司治理及内部控制水平存在差异，不同企业对会计准则的执行情况也不同。本书研究拟把上市公司所在地区的投资者保护程度作为制度环境的替代变量，进一步检验制度环境是否通过影响新会计准则的执行效果，而对企业会计信息可比性产生影响。这是由于根据投资者保护理论可知，投资者保护程度可以约束报告准备者的动机。如果投资者保护程度越高，企业管理者进行盈余管理的空间就越小，进而不同企业管理者行为之间的动机就越具有一致性，财务报告披露出的会计信息可比性也越高。再者，由于我国各地区的经济发展差异较大，各地区的法律监管力度、市场化发展水平、市场中介机构发展程度等和投资者法律保护相关的制度都存在较大的差异（易阳等，2017）。根据上述分析可知，2006 年会计准则的强制性变更使得准则对不同投资者保护程度下的会计信息可比性变化程度的影响也有所差异。因此，我们根据"地区法律和投资者保护水平"进行分组，并借鉴了樊纲等（2014）在《中国市场化指数》研究报告中计算的"市场中介组织的发育和法律制度环境"指数，其是由对生产者合法权益的保护、市场中介组织的发育、消费者权益保护和知识产权保护四个单项指标综合构成的，相对而言较为全面。所以，本书研究借用该指数来度量各地区的法律保护水平，法律及投资者保护水平与其数值成正比（姜英兵和严婷，2012）。具体是按照分年中位数分为制度环境好和制度环境差两组，回归结果如表 4.10 所示。

表 4.10　　公允价值准则政策变化对企业会计信息可比性的影响效果

变量		制度环境好	制度环境差
因变量	$CompAcct_{it}$	系数	系数
自变量	$Treat_{it}$	− 0.0073 （− 1.1800）	− 0.0027 （− 0.6300）
	$Post_{it}$	0.0223 *** （4.2900）	0.0116 *** （3.1500）
	$Treat_{it} \times Post_{it}$	0.0122 ** （1.9700）	0.0018 （0.4000）

续表

变量		制度环境好	制度环境差
因变量	$CompAcct_{it}$	系数	系数
控制变量	B/M_{it}	0. 0093 *** (6. 2600)	0. 0064 *** (4. 3900)
	$Size_{it}$	0. 0022 ** (2. 0500)	0. 0067 *** (5. 0600)
	Lev_{it}	− 0. 0520 *** (− 6. 2700)	− 0. 0797 *** (− 7. 9000)
	CFO_{it}	0. 0093 (0. 6000)	− 0. 0033 * (− 0. 2200)
	$Constant$	− 0. 0867 *** (− 3. 5900)	− 0. 1428 *** (− 5. 5600)
	行业	控制	控制
R^2		0. 1852	0. 2022
N		2858	2139

注：（ ）内为回归系数的 T 值， *、 **、 *** 分别表示在 10%、5%、1% 水平上显著。

　　根据表 4. 10 中左列的回归结果可以看出，$Treat$ 与 $Post$ 的交乘项（$Treat \times Post$）的回归系数为 0. 0122，在 5% 的水平上显著为正；根据表 4. 10 右列的回归结果可以得到，$Treat$ 与 $Post$ 的交乘项（$Treat \times Post$）的回归系数为 0. 0018，但是不具有显著性。这说明位于市场中介组织的发育和法律制度环境较好地区的企业相对较差地区的企业，能通过运用公允价值计量属性提升企业的会计信息可比性。这意味着，处于良好的法制环境中的企业，其所在地区的法律体系比较完善、科学，监管机制比较健全、合理，能够有效地施行会计准则和披露规则等技术规范，有较高水平的制度和监管作为保障，有助于企业会计信息可比性的实现。同时，在法制环境较好的地区，诉讼和执法效率、司法和行政执法水平、守法和依法维权的自觉性都比较高，企业一旦因公开披露会计信息的可比性不符合相关准则、规则要求致使信息使用者遭受经济损失，会面临较高的监管、诉讼风险和处罚、诉讼成本（方红星等，2017）。

4.7　本章小结

本章采用双重差分（DID）的做法，根据会计准则中公允价值计量属性取代部分历史成本计量属性导致企业所面临的准则弹性增加这一事件，确定各公司受到该政策变更影响的大小。然后根据 2007 年及以后公允价值计量的资产占总资产比重较高的企业为实验组，反之为对照组；2005 年、2006 年为政策变更之前，2007～2011 年为政策变更之后。本章主要研究 A 股上市公司，在 2007 年执行的新会计准则后，面对更大弹性的公允价值计量属性时，企业的会计信息可比性是否得到了提升，即会计准则弹性增加是否有助于提高会计信息质量。

本章以我国 A 股 2005～2011 年的上市公司为样本，实证研究发现：在新会计准则实施之后，以公允价值计量的资产占总资产比重越大时，其面临的准则弹性空间就越大，企业的会计信息可比性就越高；当企业没有盈余管理动机、经济业务较为复杂或者企业所在地的制度执行环境越好时，这一现象更为显著。在控制了会计信息系统的干扰因素后，即扣除 2007 年、2008 年和2009 年这些包含旧会计制度影响的年份之后，会计信息的可比性随着会计准则弹性增加而提高的现象依然保持成立。

这一章的主要目的是验证会计准则弹性对会计信息可比性的影响，并以2007 年会计准则变更后公允价值计量属性取代部分账目价值计量属性导致的准则弹性增加为例。本章的研究贡献有以下三方面：首先，本章丰富了会计信息可比性影响因素的相关文献；其次，本章丰富了准则弹性增加如何传递到企业层面的文献；再次，本章丰富了准则弹性影响会计信息可比性过程中的其他影响因素，有助于后续研究的拓展；最后，以往的会计准则变更与会计信息可比性相关的文献并未探讨出准则弹性变化的定量分析，本章在原有文献的基础上进一步考虑了准则弹性变化，并着重研究公允价值计量带给上市公司的准则弹性空间及其对企业会计信息质量的影响。

第 5 章
会计信息可比性与企业融资成本

5.1 引 言

会计信息质量的好坏关系到资本市场的有效运行。会计信息质量一直以来都是学术界和实务界关注的焦点。这是由于会计信息是连接股票市场资金供给方和需求方的重要纽带，信息披露的质量历来受到股票市场各类参与者的高度重视（曾颖和陆正飞，2006）。但是在资本市场上，投资者在投资股票时会意识到对于不同的股票不同投资者拥有着不同量的信息，也就是市场存在区别信息的情况。巴里和布朗（Barry and Brown，1985）认为，在这种情况下，投资者是基于已有的信息（高、低）来估计股票报酬率的分布函数，随之产生了由于信息量的不同而被投资者考虑在内的市场风险。投资者通过会计信息来判断更加有利可图的投资机会，资本市场的资源配置随之变化。有效的资本配置意味着资本不但能够被输送到能创造价值的项目中，而且还能够从不创造价值的项目中及时全身而退（Bushman et al.，2011）。而有效资本配置的前提是财务信息被会计信息需求者及时、充分地获取，进而减少投资者、债权人与企业之间的信息不对称以及降低由代理问题所导致的摩擦成本。通常上市公司信息披露质量的提高将通过降低公司与投资者之间的信息不对称程度而降低股权融资成本。

这是由于高质量会计信息，不仅反映出企业特质信息，而且可有效地降低外部投资者与企业管理层之间的信息不对称，提高投资者的决策质量（雷光勇等，2011）。这说明会计信息质量是影响股票投资者的主要因素，也是影响企业股权融资的主要原因。FASB曾指出，可比性是会计信息质量的重要特征之一，它能够帮助信息使用者更好地识别并理解经济事项之间的共同点和不同点。通俗地说，当不同企业发生相同的经济事项时，如果经过会计信息系统转化后得出的会计数字相同，就可以认为企业的会计信息具有可比性（潘临等，2017）。在资本市场中，可比性可以使得会计信息更好地发挥其有用性，为会计信息需求者提供服务，比如改善企业的信息环境和降低企业与会计信息使用者之间的信息不对称程度，维护投资者和债权人等利益相关者的利益，同时起到优化资源配置的作用。假设一个报告主体与其他报告主体之间如果存在更高的会计信息可比性的话，其会计信息将更能发挥出其作用，为投资人、债权人的理性决策提供条件。也就是说，会计信息可比性的提高，也会一定程度地带来企业融资成本的降低。因此，我们预期会计信息可比性有利于财务信息使用者以更低的成本更好地处理会计信息，并做出合理决策。

5.2　相关文献回顾

随着我国股票市场已具备信息披露质量影响股权融资成本的条件，二者的关系已经成为研究热点。据本书对已有文献的梳理，发现有关会计信息质量与企业融资的文献相对较多，随着会计信息可比性指标的建立，近几年部分学者也已经验证了会计信息可比性与企业融资成本的关系，我们对具有代表性的文献进行了如下梳理。

孟凡利（2005）认为，对于向企业提供贷款的债权人而言，由于在资本市场中有大量的企业需要借款，债权人在尽量降低自身风险的情况下，对各个企业就有一个比较和选择的问题。投资者和债权人自然要求各企业的会计信息必须能够加以比较，即具备可比性。已有经验证据也证实，增强会计信息可比性有促进资本市场健康发展的作用，如降低企业的债务融资成本（Kim et al.，2013；Fang et al.，2016）。袁知柱和吴粒（2012）指出，会计信息可比性能够提高财务报告的决策有用性，它能促进投资者等信息使用者对不同企业的财务状况、经营成果和发展前景做出分析和比较，有利于提高投资决策的效率。金姆等（Kim et al.，2013）指出，先前的研究表明公司的财务报告可比性提高了市场参与者估值判断的准确性，从而可能降低了公司的资本成本。他们的结果与"财务报告的可比性降低了债券市场参与者的不确定性及企业定价的信贷风险"这一结论一致。韩国栋（2013）从会计准则目标的角度指出，可比性使财务报告能为投资者提供可比的会计信息，鉴别出不同企业经济业务之间的相同和差异，从而使投资者做出更好的决策。方等（Fang et al.，2016）使用美国上市公司 1982～2009 年的样本数据，研究了民间借贷的合同成本是否与会计信息可比性有关，他们发现了会计信息可比性与私人贷款利差显著负相关的有力证据，这与"会计信息可比性使贷款人获取信息更加便利"的观点是一致的。李鹏等（2014）也认为，会计信息可比性之所以受到投资者的重视，是因为其能够有效改善资本市场中公司信息披露的质量，有利于资本市场发展。范少君（2015）指出，会计信息的可比性可以衡量不同企业在同一时期的经济事项对经济后果影响的差异。

根据对以上文献的梳理可知，较高可比性能够提高会计信息透明度，降低逆向选择的情况，便于投资者对各企业之间经济事项及其经济后果的异同进行比较，降低投资者与企业之间的信息不对称性，使资金供给者有限的稀缺资源做更有效的配置。

5.3　理论分析与研究假设

债务融资是企业在资本市场获取资金的两个重要渠道之一。在我国企业负债总额不断增长的现实状况下，企业披露的会计信息可比性高低对众多金融机构的决策而言有着重大的参考价值。企业本身即是一群契约的组合体①，其存在的目的就是要满足契约双方的要求。例如，企业与债权人之间的信贷契约②。为了签订契约，契约的双方就需要使用会计信息建立各种债务条款。这是由于，通常会计信息对债权人具有重要意义，银行依据企业提供的会计信息对企业未来的盈利能力和风险做出预测（祝继高等，2011）。因此，财务报告是债权人（主要是指银行）进行信贷决策的重要依据。另外，会计信息除了影响债务条款，还影响着债权人的决策和产权保护（Holthausen and Leftwich，1983）。从契约角色的经济后果来看，会计信息的另一项角色，就是在债务契约签订之后，可以对股东的剥夺行为及早提供预警的功能。债权人为了避免此类剥削行为的发生，将会在契约中制定以会计数字为基础的债务条款。例如，借款公司在契约持有期间，若其杠杆比率超过某一个预先设定的门槛值，就有可能导致债务违约，因而查封预先设定的担保品，或者债务契约要进入重新谈判的过程。随着资本市场的发展，债务融资是企业在资本市场融资的主要方式之一。债权人作为投资者，他们对公司的认知情况会影响到公司在资本市场的融资。如果存在严重的会计信息不对称，投资者的信息风险增加，投资者会索求更高的资本成本。会计信息可比性的提高恰好可以降低信息风险，提高投资者对企业未来经济利益的期望，能吸引投资者投入较多的资本，降低债权人对于门槛数字设定值，即债务融资成本降低（范少君，2015）。根据以上分析，本书认为，如果企业的会计信息可比性较高的话，企业会计信息透明度比较高，债权人的信息风险预知相对较小。综上所述，我们得出以下的研究假设。

假设 5 - 1：企业会计信息可比性可以降低企业的债务融资成本。

财务报告的目标是为资本市场投资者等会计信息使用者提供决策有用的信息来做出相关的资本配置决策。因为资本是一种稀缺资源，可比性是财务报告信息的一个重要特征。巴斯（Barth，2013）认为，如果投资者、贷款人和其他

---

① 根据新制度经济学，企业是一系列契约的联结，"契约"在广义上也包含企业契约各方的"行为"。

② 信贷契约是指企业所有者、管理者与银行及债券持有人之间的合同。

债权人不能对备选的投资机会进行合适的比较，其资本配置决策将不可能达到最优。企业融资是一种资本配置行为，资本配置效率高就表示在全社会中资源流入收益较好的行业，在一行业内资源流入收益较好的企业，从而提高整个社会的资本投资效益（周中胜和陈汉文，2008）。已有的研究表明，高质量的财务报告可以减少资本市场上的逆向选择，减少资本成本，并且提高会计信息的媒介作用。根据国际会计准则理事会（IASB）的《概念框架》可知，可比性是财务报告的一种质量特征，能够帮助实现财务报告的目标。假如投资者等信息使用者不能对各种投资机会进行比较，那么他们的投资决策将很难达到最优。这是由于会计信息的可比性衡量了不同企业在同一时期的经济事项对经济后果影响的差异。较高的会计信息可比性能够提高信息透明度，便于投资者对各企业之间经济事项及其经济后果的异同进行比较，降低投资者与企业之间的信息不对称性。所以，财务报表可比性对于资本市场的股权投资者也是非常重要的，可以帮助他们分析投资的机会成本，尤其是可以借鉴具有可比性的同行企业来判断目标公司的真实业绩情况，进而做出合理的投资决策，从而做出最优的资本配置决策（张良武，1992；万鹏和陈翔宇，2017）。因此，在其他条件一定的情况下，较高的会计信息可比性能使投资者更容易理解财务报告，更有助于降低投资者获取信息、比较信息的成本（De Franco et al.，2011）。

综上所述，我们得出以下的研究假设。

假设 5 - 2：企业会计信息可比性可以降低企业的股权融资成本。

5.4　实证研究设计

5.4.1　变量定义与模型设计

1. 会计信息可比性与债务融资成本

为了研究会计信息可比性（*CompAcct*）对企业债务融资成本的影响，本书建立如下多元线性回归模型：

$$DF_{it+1} = \alpha_0 + \alpha_1\,CompAcct_{it} + \alpha_3\,Return_{it} + \alpha_4\,CR_{it} + \alpha_5\,ER_{it} + \alpha_6\,Fix_{it} +$$

$$\alpha_7\,IT_{it} + \alpha_8\,CTR_{it} + \alpha_9\,Growth_{it} + \alpha_{10}\,IMP_{it} + \alpha_{11}\,Size_{it} + \alpha_{12}\,Lev_{it} +$$

$$\alpha_{13}\,CFO_{it} + \alpha_{14}\,ROA_{it} + \alpha_{15}\,State_{it} + \sum IND + \varepsilon_{it} \qquad (5.1)$$

其中，针对因变量企业债务融资成本（DF），我们借鉴皮特曼和福丁（Pittman and Fortin, 2004）以及蒋琰（2009）的做法，采用企业利息支出占当年长短期负债平均值的比重来计算债务融资成本。其中，短期负债为资产负债表中的短期借款，长期负债包括一年内到期的长期借款、长期借款、应付债券、长期应付款及其他长期负债。考虑到货币政策对企业债务融资成本的影响存在滞后效应，同时避免内生性问题的影响，本书研究对企业债务融资成本变量做了滞后一期处理。在上述模型中，DF 是因变量，代表企业的债务融资成本；$CompAcct$ 是自变量，代表企业的会计信息可比性。本章的控制变量的选取参考了相关已有文献的研究，具体如下：$Return$ 是股票收益率，其值越高，说明企业的经营业绩越好，就更加容易筹集到所需的资金；CR 是流动比率，其比率越高，说明企业资产的变现能力越强，短期偿还债务的能力也就越强；ER 是产权比率，其比率较高的话，就说明该企业的财务结构是高风险、高报酬的，进而影响企业债务融资成本；Fix 是资产可抵押性，其值越高，说明企业的固定资产等易变现的资产比率越大，对债务的担保程度也越高；IT 是存货周转率，其值越高，说明企业存货转换为现金或应收账款的速度越快，能提高企业的变现能力；CTR 是现金及现金等价物周转率，其值越高，说明企业对现金的利用效率越好，进而影响企业融资行为；RTR 是营业收入增长率，其值越高，说明企业成长速度越快，进而越需要融资满足经营周转；$Size$ 是企业规模，其值越大，代表公司规模越大，越需要更多的资金来维持企业的庞大运营；Lev 是资产负债率，其值越大，代表公司负债率越高，对企业的融资活动具有重要影响；CFO 是现金流量，一般来说现金流量越充裕，对债务融资的需求就越小；ROE 是净资产收益率，其值越高，说明企业的盈利能力越强，从而也更容易获得贷款，体现了资本的逐利性和资本配置的有效性。模型中的各个变量的具体定义和解释如表 5.1 所示。

表 5.1   变量定义与计算公式

变量代码	变量名称	变量取值方法及说明
DF_{it+1}	债务融资成本	企业利息支出占当年长短期负债平均值的比重
RE_{it}	股权融资成本	选取剩余收益模型来估算我国上市公司的边际股权融资成本，主要沿用了格布哈特等（2001）、曾颖和陆正飞（2006）与蒋琰和陆正飞（2009）的做法
$CompAcct_{it}$	会计信息可比性	根据德弗朗哥等（2011）计算方法计算而得，本书选取配对后前四以内的公司的均值代表该公司的可比性
$Return_{it}$	年度个股收益率	考虑现金红利再投资的年个股回报率
CR_{it}	流动比率	流动资产/流动负债
ER_{it}	产权比率	负债总额与所有者权益总额的比率
Fix_{it}	抵押能力	固定资产占总资产的比率
IT_{it}	存货周转率	销售成本/存货期末余额
CTR_{it}	现金及其等价物周转率	货币资金/总资产
$Growth_{it}$	营业收入增长率	（营业总收入本年本期金额－营业总收入上年同期金额）/（营业总收入上年同期金额）。反映企业成长情况的因素，成长性不同，债权人索要的资本成本也可能不同
Lev_{it}	资产负债率	总负债/总资产
$Size_{it}$	企业规模	对企业资产取自然对数
IMP_{it}	利息保障倍数	衡量偿付借款利息的能力
ROA_{it}	资产收益率	净利润除以总资产。反映赢利能力的因素，赢利能力越高，债权人的风险越低，其索要的资本成本可能就越低
CFO_{it}	现金流量	企业经营活动产生的现金流量净额/期初总资产
$State_{it}$	企业性质	国有企业为 1，非国有企业为 0
IND	行业	按照 2012 年证监会行业分类

2. 会计信息可比性与企业股权融资成本

为了研究会计信息可比性对企业股权融资的影响，我们借鉴曾颖和陆正飞（2006）与叶陈刚等（2015）以及其他文献，建立如下多元线性回归模型：

$$RE_{it} = \beta_0 + \beta_1\,CompAcct_{it} + \beta_2\,Size_{it} + \beta_3\,Lev_{it} + \beta_4\,ROA_{it} + \beta_5\,Growth_{it} +$$

$$\beta_6\,Fix_{it} + \beta_7\,CFO_{it} + \beta_8\,IMP_{it} + \beta_9\,State_{it} + \sum IND + \varepsilon_{it} \qquad (5.2)$$

该模型中涉及的变量计算过程如下。

第一,因变量。在模型(5.2)中,RE 是因变量,代表企业的股权融资成本,即权益资本成本。权益资本成本是普通股股东的预期报酬率。有关权益资本成本计量的研究,学术界从不同角度测度了权益资本成本,如资本资产定价模型(CAPM)、套利定价模型(APT)、股利折现模型、剩余收益模型(GLS)等,估计权益资本成本(COC)。结合以往的研究,同时根据我们的研究目的,本书基于可操作性和可行性的考虑选取剩余收益模型来估算我国上市公司的边际股权融资成本,主要沿用了格布哈特等(Gebhardt et al.,2001)、陆正飞和叶康涛(2004)、曾颖和陆正飞(2006)与蒋琰和陆正飞(2009)的做法,具体计算过程如下:

$$P_t = B_t + TV \qquad (5.3)$$

其中,P 为股权融资的潜在价格,为上年度每股收益与当年公司所在行业市盈率中位数的乘积;B 为每股净资产,即企业再融资年份经过调整后的期初每股净资产,由期末每股净资产加每股股利再减每股收益得到。TV 为股权投资的终值,其计算如公式(5.4)、公式(5.5)和公式(5.6)所示。

$$TV = \sum_{i=1}^{T-1} \frac{FROE_{t+i} - r}{(1+r)i} B_{t+i-1} + \frac{FROE_{t+T} - r}{r(1+r)^{T-1}} B_{t+T-1} \qquad (5.4)$$

$$B_{t+i-1} = B_{t+i} + DPS_{t+i} - EPS_{t+i} \qquad (5.5)$$

$$DPS_{t+i} = k \times EPS_{t+i} \qquad (5.6)$$

其中,r 为股权融资成本,通过解方程计算,T 为模型的预测期间[①]。B_{t+i-1} 为第 $t+i-1$ 期的每股净资产,EPS_{t+i} 为 $t+i$ 期每股收益,DPS_{t+i} 为 $t+i$ 期每股

---

① 格布哈特等(2001)认为,该模型的预测区间不应少于 12 期,本书沿用曾颖和陆正飞(2006)与蒋琰和陆正飞(2009)的方法,采用 T = 18 期进行计算。

股利，k 为上市公司的股利支付率 ①。$FROE_{t+i}$ 为第 $t+i$ 期的预测净资产收益率。由于我国缺乏独立中介机构发布的上市公司盈利预测信息，因此沿用陆正飞和叶康涛（2004）、曾颖和陆正飞（2006）的做法，对有实际数据的年份，采用企业第 $t+i$ 期的净利润除以期初账面净资产来替代企业第 $t+i$ 期 ROE 的预测值；对没有实际数据的年份，假设企业有实际数据 n 期，企业第 $n+1$ 期至第 $t+T-1$ 期的 ROE 从第 $t+n$ 期的水平向行业平均 ROE 直线回归，从第 $t+T$ 期开始上市公司的预测净资产收益率 $FROE_{t+T}$ 一直维持在行业平均 ROE 水平上。

第二，自变量。在模型（5.1）和模型（5.2）中，会计信息可比性（$CompAcct$）是自变量，代表企业的会计信息可比性；其他变量为控制变量，包括公司规模（$Size$）、负债水平（Lev）、盈利能力（Roa）、主营业务增长率（$Growth$）、资产抵押能力（$Tang$）、获取现金流的能力（CFO）、利息保障倍数（IMP）、企业的所有权性质（$State$）以及行业（IND）等（见表 5.1）。

5.4.2　样本选择

本章以 2002～2014 年深、沪 A 股上市公司为研究对象。这是由于 2001 年执行新会计准则后，由于会计信息可比性的计算要求连续 16 个季度的数据，而我们能从国泰安数据库获取的季度数据是从 2002 年开始的，于是计算出的会计信息可比性的数据是从 2005 年开始。为了使 2006 年准则变化前后，样本数据尽可能地保持平衡，我们在主检验里用到的数据截至 2011 年。此外，由于本章中涉及"股权融资的计算"，股权融资数据计算需要后三年数据，则本书计算股权融资成本数据要涉及 2014 年。为了进一步考察最近几年

---

① 曾颖和陆正飞（2006）以及蒋琰和陆正飞（2009）均采用上市公司股权再融资之前三年的平均股利水平计算股利支付率。本书沿用这一方法，但对于少数上市时间不满三年的企业，则按再融资之前两年或一年的股利水平计算股利支付率。

会计信息可比性对企业融资成本的作用，我们在稳健性检验里面把实验样本期间延长至 2016 年。本章涉及的数据均来自国泰安信息技术有限公司（CS-MAR）提供的数据。根据本书研究目的，同时为了保证研究结论的可靠性，本书对最初的样本进行了如下筛选：剔除金融行业样本，剔除实证模型中变量数据缺失的公司。

5.5　实证结果及分析

5.5.1　描述统计

主要变量的描述性统计如表 5.2 所示。其中，本书重点关注的变量的分布状况如下：回归方程（5.1）中的因变量为下一期的债务融资成本（DF），其平均值为 0.0621，中位数为 0.0536；自变量为会计信息可比性（$CompAcct$），其平均值为 - 0.0410，中位数为 - 0.029；回归方程（5.2）中的因变量为股权融资成本（RE），其平均值为 0.0383，中位数为 0.0347；自变量为会计信息可比性（$CompAcct$），其平均值也为 - 0.0410，中位数为 - 0.0290。

表 5.2　　　　　　　　　　　　　主要变量的描述性统计

变量	均值	标准差	最大值	最小值	中位数
DF_{it+1}	0.0612	0.0547	0.4372	0.0000	0.0536
RE_{it}	0.0383	0.0218	0.1113	0.0004	0.0347
$CompAcct_{it}$	- 0.0410	0.0488	- 0.0123	- 0.3929	- 0.0290
Fix_{it}	0.2880	0.1833	0.7514	0.0025	0.2583
CR_{it}	5528	1.4954	1.2026	8.5189	0.1523
CTR_{it}	5528	8.4556	10.9516	83.4042	0.2034

续表

变量	均值	标准差	最大值	最小值	中位数
$Growth_{it}$	0.2137	0.5349	4.6850	-0.7285	0.1448
B/M_{it}	1.1204	0.9057	7.0037	0.1211	0.8513
Lev_{it}	0.5185	0.1889	1.0630	0.0766	0.5296
$Size_{it}$	21.8152	1.1719	26.9545	19.2878	21.6938
IMP_{it}	1.9193	48.9151	237.5799	-269.1825	3.1478
ROA_{it}	0.0321	0.0615	0.1976	-0.2437	0.0310
$State_{it}$	0.6823	0.4656	1.0000	0.0000	1.0000
CFO_{it}	0.0491	0.0892	0.7713	-2.2828	0.0479

主要变量的 Pearson 相关系数如表 5.3 所示。首先，在回归方程（5.1）中，会计信息可比性（*CompAcct*）与债务融资成本（*DF*）的相关系数为 -0.073，两者在 1% 的水平上显著负相关，这表明会计信息可比性越高，债务融资成本越低；其次，在回归方程（5.2）中，会计信息可比性（*CompAcct*）与股权融资成本（*RE*）的相关系数为 -0.028，两者在 5% 的水平上显著负相关，这表明会计信息可比性越高，企业的股权融资成本越低。

5.5.2 实证结果分析

表 5.4 是我们对方程（5.1）和方程（5.2）回归检验的结果。在回归过程中，我们还控制了行业固定效应以剔除行业差异对估计结果的影响。我们对模型估计均进行了 Robust 处理，同时对模型估计系数的标准差按照公司进行聚类调整（clustered by firm），以更准确地估计系数的显著性。我们对回归结果分析具体如下。

根据表 5.4 中回归方程（5.1）中的结果可以看出，会计信息可比性（*CompAcct*）与企业债务融资成本（*DF*）的回归系数为 -0.0743，且在 5% 的水平上显著为负。这表明企业在同行业之间的会计信息可比性越高，其债务融

表 5.3　　主要变量的 Pearson 相关系数分析

变量	RE_{it}	DF_{it+1}	$CompAcct_{it}$	Fix_{it}	$Growth_{it}$	Lev_{it}	$Size_{it}$	IMP_{it}	ROA_{it}	$State_{it}$	CFO_{it}
RE_{it}	1										
DF_{it+1}	-0.056***	1									
$CompAcct_{it}$	-0.028**	-0.073***	1								
Fix_{it}	0.043***	0.003	0.071***	1							
$Growth_{it}$	-0.004	0.015	-0.027	-0.031**	1						
Lev_{it}	0.031**	-0.025	-0.176***	0.006	0.046***	1					
$Size_{it}$	0.267***	0.054***	0.109***	0.071***	0.106***	0.241***	1				
IMP_{it}	0.041***	-0.139***	0.009	0.02	0.003	0.056***	0.053***	1			
ROA_{it}	0.069***	-0.026*	0.109***	-0.078***	0.201***	-0.396***	0.200***	0.023*	1		
$State_{it}$	0.125***	-0.099***	0.090***	0.144***	-0.005	0.039***	0.216***	0.003	-0.007	1	
CFO_{it}	0.077***	-0.065***	0.078***	0.256***	0.050***	-0.154***	0.048***	-0.033***	0.283***	0.063***	1

注：*、**、*** 分别表示在10%、5%、1%水平上显著。

表 5.4　　　　　　　会计信息可比性与企业融资成本

变量	回归方程 (5.1)		回归方程 (5.2)	
因变量	DF_{it+1}	系数	RE_{it}	系数
自变量	$CompAcct_{it}$	-0.0743^{**} (-2.3400)	$CompAcct_{it}$	-0.0174^{***} (-2.8000)
控制变量	$Return_{it}$	0.0006 (0.6600)	Fix_{it}	0.0114^{***} (5.8000)
	CR_{it}	-0.0040^{***} (-3.0800)	$Growth_{it}$	-0.0015^{***} (-2.9400)
	ER_{it}	-0.0013 (-1.2900)	Lev_{it}	-0.0077^{***} (-4.2800)
	Fix_{it}	-0.0030 (-0.4000)	$Size_{it}$	0.0042^{***} (15.3300)
	IT_{it}	0.0000 (1.0700)	IMP_{it}	0.0000^{**} (2.3100)
	CTR_{it}	0.0003^{***} (3.3600)	ROA_{it}	-0.0048 (-0.8600)
	$Growth_{it}$	-0.0016 (-0.9200)	CFO_{it}	0.0168^{***} (5.0000)
	Lev_{it}	0.0136 (1.3700)	$State_{it}$	0.0030^{***} (4.9200)
	$Size_{it}$	-0.0055^{***} (-5.8500)		
	IMP_{it}	-0.0000 (-0.9700)		
	ROA_{it}	-0.0230^{**} (-2.4800)		
	CFO_{it}	0.0118 (0.9100)		
	$State_{it}$	-0.0052^{**} (-2.4800)		

续表

变量	回归方程 (5.1)		回归方程 (5.2)	
因变量	DF_{it+1}	系数	RE_{it}	系数
控制变量	$Constant$	0.1852 *** (8.8900)	$Constant$	− 0.0788 *** (− 13.4600)
	行业	控制	行业	控制
R^2	0.0620		0.1801	
N	3057		5317	

注:( )内为回归系数的 T 值,* 、** 、*** 分别表示在10%、5%、1%水平上显著。

资成本(DF)就越低,即假设 5 − 1 得到了验证。这表明会计信息可比性可以降低银行等债权人与企业之间的会计信息不对称,有助于降低债权人对各个企业比较和选择的成本。根据表 5.4 中回归方程(5.2)的结果可以看出,会计信息可比性($CompAcct$)与企业股权融资成本(RE)的回归系数为 − 0.0174,且在 1% 的水平上显著为负。这表明企业在同行业之间的会计信息可比性越高,其股权融资成本(RE)就越低。即假设 5 − 2 也得到了验证。这表明会计信息可比性也可以降低资本市场上投资者与企业之间的会计信息不对称,降低企业逆向选择的情况,使得投资者所求的资金成本更低。

5.5.3 稳健性分析

(1)相关事件(比如 2012 年和 2014 年财政部两次大规模修订会计准则)将会对财务报告可比性的估计产生一定程度的影响。但是会计信息可比性降低企业融资成本的影响机制应该依然未发生变化。当我们把样本数据拓展到 2016 年后(由于股权融资成本计算要用到后三年数据,其回归数据为 2005 ~ 2013 年),得到的回归结果如表 5.5 所示。根据回归结果可知,会计信息可比性可以降低企业融资成本,即上述结论依然成立。

表 5.5 会计信息可比性与融资成本

变量	回归方程（5.1）		回归方程（5.2）	
因变量	DF_{it+1}	系数	RE_{it}	系数
自变量	$CompAcct_{it}$	-0.1219^{***} (-3.3000)	$CompAcct_{it}$	-0.0114^{*} (-1.8600)
控制变量	$Return_{it}$	0.0006^{**} (0.6400)	Fix_{it}	0.047^{***} (2.7400)
	CR_{it}	-0.0033^{***} (-3.2700)	$Growth_{it}$	-0.0019^{***} (-2.8200)
	ER_{it}	-0.0002 (-0.1500)	Lev_{it}	-0.0079^{***} (-4.6400)
	Fix_{it}	-0.0074 (-0.2500)	$Size_{it}$	0.0051^{***} (20.9300)
	IT_{it}	0.0000 (1.0900)	IMP_{it}	0.0000^{***} (3.0100)
	CTR_{it}	-0.0022 (-0.2500)	ROA_{it}	-0.0081 (-1.3800)
	$Growth_{it}$	-0.0011^{***} (-3.4400)	CFO_{it}	0.0191^{***} (5.9400)
	Lev_{it}	-0.0028 (-0.3000)	$State_{it}$	0.0021^{***} (3.9300)
	$Size_{it}$	-0.0046^{***} (-6.3700)		
	IMP_{it}	-0.0000^{***} (-4.6800)		
	ROA_{it}	-0.0221 (-0.9000)		
	CFO_{it}	0.0215^{**} (2.0000)		
	$State_{it}$	-0.0049^{**} (-2.4300)		

变量	回归方程（5.1）		回归方程（5.2）	
因变量	DF_{it+1}	系数	RE_{it}	系数
控制变量	*Constant*	0.1706 *** （10.4400）	*Constant*	− 0.0934 *** （− 17.6800）
	行业	控制	行业	控制
R^2	0.0548		0.2262	
N	5735		6479	

注：（）内为回归系数的 T 值，＊、＊＊、＊＊＊分别表示在10%、5%、1%水平上显著。

（2）由于本书在测算会计信息可比性后对数值有不同的选取方式，但是在上述检验里面，我们是用企业与该行业内其他每一家企业之间的会计信息可比性的平均值，在这里将其分别替换为企业与该行业内其他每一家企业之间的会计信息可比性的均值、中位数，来分别作为该企业的会计信息可比性，然后分别重新进行回归，各个模型的回归结果未发生实质性变化。所以会计信息可比性取值方法的不同不影响本章结论的稳健性。

5.6 进一步分析

5.6.1 考察贷款违约预测的调节作用

通过计算会计信息可比性，可以对各企业的会计信息进行横向比较，进而识别和解释不同企业之间的相同与差异，也就是对一个相关经济现象的真实表述与另一个经济实体对一个类似相关的经济现象的表述相比。上述检验结果表明，该可比性特征会被债权人捕捉到，影响到企业的债务融资成本。一般而言，银行等债权人在发放贷款的时候，如果捕捉到企业会计信息可比性，并加入对企业进行风险评估的一系列因素中，得到贷款违约预测结果可能会有所改变，最终影响企业的债务融资成本。所以，本书猜测企业的贷款违约预测对会计信息可比性与企业债务融资成本的关系是否具有一定的调节作用。

为了检验企业贷款违约对会计信息可比性与企业债务融资成本的关系是否具有调节作用，本书研究设计了如下回归模型：

$$DF_{it+1} = \alpha_0 + \alpha_1 \, DEFAULT_{it} + \alpha_2 \, DEFAULT_{it} \times CompAcct_{it} + \alpha_3 \, CompAcct_{it} +$$
$$\alpha_4 \, Return_{it} + \alpha_5 \, CR_{it} + \alpha_6 \, ER_{it} + \alpha_7 \, Fix_{it} + \alpha_8 \, IT_{it} + \alpha_9 \, CTR_{it} +$$
$$\alpha_{10} \, Growth_{it} + \alpha_{11} \, IMP_{it} + \alpha_{12} \, Size_{it} + \alpha_{13} \, Lev_{it} + \alpha_{14} \, CFO_{it} +$$
$$\alpha_{15} \, ROA_{it} + \alpha_{16} \, State_{it} + \sum IND + \varepsilon_{it} \qquad (5.7)$$

其中，$DEFAULT$ 为预测企业是否存在借款违约的哑变量，如果现金流量表中"偿还债务所支付的现金"小于或等于资产负债表中"短期借款"和"一年内到期的非流动负债"的期初数合计时，取值为 1；反之，取值为 0（刘媛媛等，2013）。

根据表5.6 中的相关性分析结果可以看出，会计信息可比性（$CompAcct$）与债务融资成本（DF）显著负相关，相关系数为 -0.073，与前文一致；债务违约预测（$DEFAULT$）与债务融资成本（DF）显著正相关，说明如果企业违约风险较高，则企业的债务融资成本也较高。而交乘项（$Comparability \times DEFAULT$）与债务融资成本（$DF$）显著负相关，相关系数为 -0.109，说明如果企业的违约概率较大，那么企业会计信息可比性会降低企业债务融资成本。

表5.6　　会计信息可比性、债务违约预测与债务融资成本的相关性分析

变量	DF_{it+1}	$CompAcct_{it}$	$DEFAULT_{it} \times CompAcct_{it}$	$DEFAULT_{it}$
DF_{it+1}	1.000			
$CompAcct_{it}$	-0.073 ***	1.000		
$DEFAULT_{it} \times CompAcct_{it}$	-0.109 ***	0.566 ***	1.000	
$DEFAULT_{it}$	0.037 **	-0.135 ***	-0.209 ***	1.000

注：* 、** 、*** 分别表示在10%、5%、1%水平上显著。

　　根据表 5.7 中的实证结果分析，首先，从回归方程（5.4）的多元线性回归结果可以看出，会计信息可比性（*CompAcct*）与企业债务融资成本（*DF*）的回归系数为 -0.0983，在 1% 的水平上显著负相关，与前述结果一致；企业债务违约预测（*DEFAULT*）与债务融资成本（*DF*）的回归系数为 -0.0025，但是不具有显著性。再结合回归方程（5.5）的回归结果，会计信息可比性（*CompAcct*）与企业债务融资成本（*DF*）的回归系数为 -0.0274，但是不具有显著性；企业债务违约预测（*DEFAULT*）与债务融资成本（DF_{it+1}）的回归系数为 -0.0243，同样不具有显著性；但是交乘项（*CompAcct* × *DEFAULT*）与企业债务融资成本（*DF*）得回归系数为 -0.2548，在 1% 的水平上显著为负，这说明会计信息可比性在对债务融资成本影响的过程中，如果企业的违约概率较大，企业会计信息可比性将会降低企业的债务融资成本，且与相关分析的结果保持一致。本书认为，企业若存在较大违约风险，银行等发放贷款单位将会同样重视会计信息的可比性。这可能是因为较高可比性的企业的会计信息透明度较高，进而企业的债务融资成本仍然保持较低。

表 5.7　　　　会计信息可比性、贷款违约预测与债务融资成本

变量	回归方程（5.4）		回归方程（5.5）	
因变量	DF_{it+1}	系数	DF_{it+1}	系数
自变量	$DEFAULT_{it}$	-0.0025 (-0.8000)	$DEFAULT_{it}$	-0.0243 (-0.7100)
	$CompAcct_{it}$	-0.0983 *** (-3.0800)	$CompAcct_{it}$	-0.0274 (-0.7400)
			$DEFAULT_{it}$ × $CompAcct_{it}$	-0.2548 *** (-3.8000)
控制变量	$Size_{it}$	-0.0069 *** (-7.3700)	$Size_{it}$	-0.0066 *** (-6.9400)
	$Return_{it}$	0.0003 (0.3200)	$Return_{it}$	0.0003 (0.3100)
	CR_{it}	-0.0051 *** (-3.5200)	CR_{it}	-0.0052 *** (-3.6900)

续表

变量	回归方程（5.4）		回归方程（5.5）	
因变量	DF_{it+1}	系数	DF_{it+1}	系数
控制变量	ER_{it}	−0.0006 （−0.6900）	ER_{it}	0.0001 （0.1200）
	Fix_{it}	0.0001 （0.0200）	Fix_{it}	−0.0004 （−0.0500）
	IT_{it}	0.0000 （1.1200）	IT_{it}	0.0000 （1.1100）
	CTR_{it}	0.0003 *** （3.7400）	CTR_{it}	0.0003 *** （3.4500）
	$Growth_{it}$	−0.0021 （−1.2200）	$Growth_{it}$	−0.0017 （−1.0000）
	Lev_{it}	0.0007 （0.7100）	Lev_{it}	−0.0007 （−0.0700）
	IMP_{it}	0.0000 （0.0700）	IMP_{it}	0.0000 （0.0600）
	ROA_{it}	−0.0279 （−1.2900）	ROA_{it}	−0.0259 （−1.2000）
	$State_{it}$	−0.0034 * （−1.6700）	$State_{it}$	−0.0034 * （−1.6300）
	CFO_{it}	0.0036 （0.2800）	CFO_{it}	0.0034 （0.2700）
	$Constant$	0.2186 *** （10.4400）	$Constant$	0.2164 *** （10.3600）
	行业	控制	行业	控制
R^2	0.0750		0.0796	
N	2861		2861	

注：（）内为回归系数的 T 值，* 、** 、*** 分别表示在 10%、5%、1% 水平上显著。

5.6.2 按照股价崩盘风险分组检验

会计信息的可比性要求使报表使用者能够识别和理解财务报表项目的相

似和不同之处，即使得同样的项目看起来相似，不同的项目看起来不同（FASB，1980）。会计信息可比性的提高有助于改善企业的信息环境（De Franco et al.，2011；江轩宇，2015），进而使企业的会计信息更易被投资者所捕获，增大管理层隐藏负面信息的成本，抑制相关管理层的机会主义行为，进而提高企业的会计信息质量，有助于提升股票市场上投资者的信心，降低股权融资成本。而股价崩盘风险也是投资者所关心的一个重要因素，也决定了企业资本成本。股价发生崩盘意味着股价的暴跌，公司价值降低，投资者和债权人投资的风险增加，投资者可能会对公司持观望态度，公司若想获得投资或者贷款就要付出更高的代价，投资者和债权人要求的报酬率或利率增加，公司的融资成本增大（杨棉之等，2015）。所以，我们猜测，在不同程度股价崩盘风险下，会计信息可比性对企业股权融资成本的影响是有所差异的，即股价崩盘风险越高，会计信息可比性对企业股权融资成本的负相关关系会减弱；股价崩盘风险越低，会计信息可比性对企业股权融资成本的负相关关系会加强。接下来，我们按照股价崩盘风险高低，对我们上述的回归方程（5.2）进行了分组检验。股价崩盘风险有两个指标可以衡量，分别为公司特质收益率偏度的负值（NCSKEW）和下跌波动率与上涨波动率之比（DUVOL）。

为了计算公司层面股价的特质崩盘风险（firm-specific crash risk），本书研究借鉴已有文献（Hutton et al.，2009；Kim et al.，2011；梁权熙和曾海舰，2016）。首先为了估计如下的市场指数模型以扣除来自行业和市场的系统性风险的影响，本书研究利用每家公司在每一年的周收益率数据进行如下回归：

$$RET_{i\tau} = \alpha_i + \beta_{i1} MKRET_{i\tau-1} + \beta_{i2} INDRET_{i\tau-1} + \beta_{i3} MKRET_{i\tau} + \beta_{i4} INDRET_{i\tau} + \beta_{i5} MKRET_{i\tau+1} + \beta_{i6} INDRET_{i\tau+1} + \varepsilon_{i\tau} \tag{5.8}$$

其中，下标 i 和 τ 分别表示公司和周份；RET 为个股周收益率；$MKRET$ 为经调整的（剔除第 i 家公司的收益率）所有上市公司流通市值加权的市场平均收益率；$INDRET$ 为经调整的（剔除第 i 家公司的收益率）流通市值加权的行业平均收益率；ε 为随机误差项。在模型（5.8）中，本书借鉴弗伦奇等（French et al.，1987）的做法，引入领先和滞后1期的市场（行业）收益率来缓解交易非同步性带来的偏差（French et al.，1987）。定义公司周特质收益率为 $w = \log(1 + \hat{\varepsilon})$，其中 $\hat{\varepsilon}$ 为模型（5.8）的估计残差。本书在周特质收益率的基础上构建如下两个股价崩盘风险的测度指标。

（1）为了测度股价崩盘发生的可能性，本书研究参照陈等（Chen et al.，2001）和金姆等（Kim et al.，2011），用公司特质收益率偏度的负值（ $NCSKEW$ ）表示，其值越大，说明发生崩盘的风险就越高。公司 i 在年度 t 的 $NCSKEW$ 为：

$$NCSKEW_{it} = -\left[n (n-1)^{3/2} \sum w_{i\tau}^3 \right] / \left[(n-1)(n-2)\left(\sum w_{i\tau}^2 \right)^{3/2} \right]$$

$$(5.9)$$

其中，n 为交易周数，$w_{i\tau}$ 为公司 i 在 t 年第 τ 周的公司特质收益率。

（2）根据金姆等（2011）、梁权熙和曾海舰（2016），本书研究把第二个崩盘风险指标定义为下跌波动率占上涨波动率的比值（down-to-up volatility），其取值越大，说明股价崩盘风险越高。计算过程如下，针对每个公司一年度，如果本周特质收益率小于其他年度均值，那么该周为下跌周；反之，该周为上涨周；接着要分别结算下跌周份与上涨周份的公司特质收益率的标准差，获取下跌波动率与上涨波动率；然后计算每一公司一年中下跌波动率与上涨波动率的比值，并对其取自然对数，得到最终的指标。具体的计算公式为：

$$DUVOL_{it} = \log\left\{ (n_{i\tau}-1) \sum_{-down} w_{i\tau}^2 / (n_d-1) \sum_{-up} w_{i\tau}^2 \right\} \qquad (5.10)$$

其中，n_d 和 $n_{i\tau}$ 分别为下跌周数和上涨周数。

表5.8 中的回归结果显示，我们发现在股票崩盘风险较高的情况下，即 $NCSKEW = 1$ 时，回归方程（5.1）中，会计信息可比性（ $CompAcct$ ）的回归系数为 -0.0028，但是不再具有显著性；当 $DUVOL = 1$ 时，回归方程（5.1）中，会计信息可比性（ $CompAcct$ ）的回归系数为 -0.0130，但是不再具有显著性。这意味着，如果企业面临较高的股价崩盘风险，企业会计信息可比性的提高将不再能够发挥其降低股权融资成本的作用。

表5.8　　　　会计信息可比性、股价崩盘风险与企业股权融资成本

变量		$NCSKEW=1$	$NCSKEW=0$	$DUVOL=1$	$DUVOL=0$
因变量	RE_{it}	系数	系数	系数	系数
自变量	$CompAcct_{it}$	−0.0028 (−0.3000)	−0.0271 *** (−3.3100)	−0.0130 (1.4600)	−0.0183 ** (−2.1100)
控制变量	Fix_{it}	0.0107 *** (3.8700)	0.0114 *** (4.0800)	0.0126 *** (4.4900)	0.0108 *** (3.9200)
	$Growth_{it}$	−0.0021 *** (−2.5900)	−0.0012 * (−1.7700)	−0.0020 ** (−2.5500)	−0.0013 * (−1.7700)
	Lev_{it}	−0.0058 ** (−2.2900)	−0.0099 *** (−3.8700)	−0.0062 ** (−2.4000)	−0.0100 *** (−4.0100)
	$Size_{it}$	0.0043 *** (10.9500)	0.0042 *** (10.8400)	0.0036 *** (9.4900)	0.0049 *** (12.4000)
	IMP_{it}	0.0000 (1.2000)	0.0000 (1.8300)	0.0000 (0.9500)	0.0000 ** (2.2900)
	ROA_{it}	−0.0125 (−1.6500)	−0.0032 (−0.3900)	−0.0129 * (−1.6400)	0.0055 (0.6800)
	CFO_{it}	0.0242 *** (4.6700)	0.0127 *** (2.8300)	0.0209 *** (3.9500)	0.0121 *** (2.7500)
	$State_{it}$	0.0012 (1.3300)	0.0048 *** (5.4400)	0.0015 (1.6600)	0.0044 *** (5.1700)
	$Constant$	−0.0789 *** (−9.3300)	−0.0797 *** (−9.7500)	−0.0665 *** (−8.0100)	−0.0936 *** (−11.2200)
	行业	控制	控制	控制	控制
R^2		0.1700	0.2003	0.1673	0.2095
N		2651	2666	2651	2666

注：（ ）内为回归系数的 T 值，*、**、*** 分别表示在10%、5%、1%水平上显著。

　　表5.8 中的回归结果显示，我们发现在股票崩盘风险较低的情况下，即 $NCSKEW=0$ 时，回归方程（5.1）中，会计信息可比性（$CompAcct$）的回归系数为 −0.0271，且在 1% 的水平上显著为负；当 $DUVOL=0$ 时，回归方程（5.1）中，会计信息可比性（$CompAcct$）的回归系数为 −0.0183，且在 5% 的

水平上显著为负。这意味着，如果企业面临较低的股价崩盘风险，企业会计信息可比性的提高才能够发挥其降低股权融资成本的作用。

经对比表 5.8 中各列的回归结果可以看出，不管是公司特质收益率偏度的负值（NCSKEW），还是下跌波动率与上涨波动率之比（DUVOL），两者的回归结果基本一致，均证明了以下结论：在不同程度股价崩盘风险下，会计信息可比性对企业股权融资成本的影响是有所差异的，且随着股价崩盘风险的提高，会计信息可比性对企业股权融资成本的负相关关系会减弱；随着股价崩盘风险的降低，会计信息可比性对企业股权融资成本的负相关关系会加强，与前文的预测结论一致。

5.6.3 检验分析师分析精确度的调节作用

分析师预测主要基于财务报告等公共信息以及经调查访谈获得的私有信息进行，其预测行为不仅包括对会计盈余的预测，而且包括对公司价值进行判断和估计，并在此基础上进行投资评级（范少君，2010）。已有研究结论也有证实会计准则变更后会计信息可比性发生了变化，并对分析师的行为产生了一定的影响，如谭等（Tan et al.，2011）认为，分析师是重要的专业财务报告使用者，分析国际会计准则（IFRS）对证券分析师行为的影响对于研究会计准则趋同化的效应非常必要，广泛实施的国际会计准则（IFRS）提高了公司间会计信息的可比性，分析师的信息获得和处理成本也随之减少。另外，会计准则为了保持国际趋同而转变为原则导向的会计准则，可以减少分析师对各企业因会计准则的差异所引起的预测偏差，进而加大了分析师盈利预测的精确度。霍顿等（Horton et al.，2013）研究发现，信息质量和可比性效应可以促进分析师盈利预测准确性的提升，更高的信息质量以及可比性可以大大改善信息环境。所以，可以看出分析师预测是资本市场运行框架中非常重要的一类专业中介，能够反映企业的各种财务与非财务信息，其基本功能是对公司披露的信息进行分析、加工和评价，并对企业未来经营状况做出预测，能够有效降低外部信息使用者与企业之间的信息不对称程度。从企业的角度来看，分析师能够让市场更多、更好地了解关于企业的经营状况信息，从而降低企业的资本成本；从投资者等信息使用者的角度来看，分析师也能让投资者更准确地了解企业的信息，为做出明智的投资决策提供参考依据，降低自身的投资风险（范宗辉和王静静，2010）。从资本市场角度来看，分析师的作用是为投资者等信息使用者提供更多关于企业的信息，优化市场的资本配置效率（Lys and Sohn，1990；Frankel and Li，2004）。上市公司信息披露对分析师预测行为存在影响，认为上市公司信息披露质量越高，分析师的预测准确度越高（方军雄，2007）。另外，根据现有理论可知，分析师跟踪也具有一定的经济后果，比如股权融资成本（宫义飞，2010）。德弗朗哥等（De Franco et al.，2011）从会计信息可比性的角度，研究发现可比性与分析师预测的准确度显著正相关，且与预测的分歧度显著负相关。可比性较高的财务报告能够为分析师提供质量更高、更透明的会计信息，降低分析师预测时所面对的环境不确定性，降低分析师搜集相关信息的成本；较高的可比性便于分析师更加清晰、透彻地了解企业的会计信息，能够提高分析师对企业财务状况、经营成果、营运能力的分析能力。所以，根据上述文献的实证结论可以看出，分析师预测是资本市场运行框架中非常重要的一类专业中介，其基本功能是对公司披露的信息进行分析、加工和评价，并对企业未来经营状况做出预测，能够有效降低外部信息使用者与企业之间的信息不对称程度。综上所述，本书研究认为，会计信息可比性对企业的融资成本影响过程中，分析师的预测精确度发挥着调节作用。接下来，本书主要考虑分析师分析精确度（*Analyst*），并分别建立如下模型：

$$
\begin{aligned}
DF_{it+1} = {} & \alpha_0 + \alpha_1\,CompAcct_{it} + \alpha_2\,Analyst_{it} + \alpha_3\,CompAcct_{it} \times Analyst_{it} + \\
& \alpha_4\,Return_{it} + \alpha_5\,CR_{it} + \alpha_6\,ER_{it} + \alpha_7\,Fix_{it} + \alpha_8\,IT_{it} + \alpha_9\,CTR_{it} + \\
& \alpha_{10}\,Growth_{it} + \alpha_{11}\,IMP_{it} + \alpha_{12}\,Size_{it} + \alpha_{13}\,Lev_{it} + \alpha_{14}\,CFO_{it} + \\
& \alpha_{15}\,ROA_{it} + \alpha_{16}\,State_{it} + \sum IND + \varepsilon_{it} \tag{5.11}
\end{aligned}
$$

$$
RE_{it} = \alpha_0 + \beta_1\,CompAcct_{it} + \beta_2\,Analyst_{it} + \beta_3\,CompAcct_{it} \times Analyst_{it} +
$$

$$\beta_4\, Growth_{it} + \beta_5\, Age_{it} + \beta_6\, Profitability_{it} + \beta_7\, Size_{it} + \sum IND +$$

$$\sum YEAR \tag{5.12}$$

其中，分析师预测精确度是按照国泰安数据库里面的"预测准确度"① 划分的，高于中位数的赋值为 1，低于中位数的赋值为 0；其他变量与前文保持一致。

表 5.9 列出了会计信息可比性、分析师预测精确度与企业债务融资成本（DF）关系的影响结果。从表 5.9 中的回归结果可以看出，在只考虑了分析师预测精确度（$Analyst$）时，会计信息可比性（$CompAcct$）与债务融资成本（DF）的回归系数为 -0.0701，依旧显著负相关；分析师预测精确度（$Analyst$）与债务融资成本（DF）的回归系数为 0.0044，在 1% 的水平上显著为正。在加入会计信息可比性与分析师交乘项（$Analyst \times CompAcct$）后，交乘项的回归系数为 -0.1389，且与债务融资成本（DF）在 5% 的水平上显著负相关。可见分析师预测精确度越高，其对会计信息可比性与企业债务融资成本的负向调节作用越强。另外，会计信息可比性（$CompAcct$）与债务融资成本（DF）不再具有显著性，分析师预测精确度依然与债务融资成本显著正相关。

表 5.9 会计信息可比性、分析师预测精确度与企业融资成本

因变量		债务融资成本（DF_{it+1}）		股权融资成本（RE_{it}）	
自变量	$CompAcct_{it}$	-0.0701^{**} (-2.2100)	0.0139 (0.2800)	-0.0175^{**} (-2.2800)	0.0098 (0.7600)
	$Analyst_{it}$	0.0044^{***} (2.1200)	0.0054^{**} (-2.5300)	-0.0020^{***} (-3.2400)	-0.0018^{***} (-2.8700)
	$Analyst_{it} \times$ $CompAcct_{it}$		-0.1389^{**} (-2.2500)		-0.0382^{**} (-2.4200)

---

① 预测准确度：某分析师某年某次对某只股票预测的每股收益（EPS）减去该年该股票的实际 EPS 的差值的绝对值再除以该股票的实际 EPS 的绝对值。

续表

因变量		债务融资成本（DF_{it+1}）		股权融资成本（RE_{it}）	
控制变量	$Size_{it}$	−0.0059 *** （−5.9900）	−0.0057 *** （−5.8300）	0.0040 *** （13.5500）	0.0040 *** （13.8200）
	$Return_{it}$	0.0004 （0.4400）	0.0004 （0.4400）		
	CR_{it}	−0.0040 *** （−3.0300）	−0.0042 *** （−3.1600）		
	ER_{it}	−0.0008 （−0.8500）	−0.0005 （−0.4900）		
	Fix_{it}	0.0001 （0.0200）	−0.0003 （−0.0400）		
	IT_{it}	0.0000 （1.1100）	0.0000 （1.0800）	0.0109 *** （5.5700）	0.0107 *** （5.4800）
	CTR_{it}	0.0003 *** （3.3400）	0.0003 *** （3.2200）		
	$Growth_{it}$	−0.0015 （−0.8700）	−0.0016 （−0.9200）		
	Lev_{it}	0.0149 （1.4800）	0.0116 （1.1400）	−0.0079 *** （−4.4700）	−0.0082 *** （−4.6200）
	IMP_{it}	−0.0000 （−0.7100）	−0.0000 （−0.6900）	0.0000 ** （2.4400）	0.0000 ** （2.3900）
	ROA_{it}	−0.0052 （−0.2400）	−0.0006 （−0.0300）	−0.0090 （−1.3300）	−0.0079 （−1.1900）
	$State_{it}$	−0.0042 （−2.0000）	−0.0042 ** （−2.0200）	0.0029 *** （4.8600）	0.0030 *** （4.9000）
	CFO_{it}	0.0094 （0.7200）	0.0106 （0.8100）	0.0162 *** （3.3100）	0.0165 *** （3.4900）
	$Constant$	−0.0724 *** （−11.9000）	0.1873 *** （8.6200）	−0.0724 *** （−11.9000）	−0.0727 *** （−12.0000）
	行业	控制	控制	控制	控制
R^2		0.0660	0.0645	0.1822	0.1835
N		3090	3090	5375	5375

注：（ ）内为回归系数的 T 值，* 、** 、*** 分别表示在 10%、5%、1% 水平上显著。

同时，表 5.9 中也列出了会计信息可比性、分析师预测精确度与企业股权融资成本（*RE*）关系的影响结果。从表 5.9 中左列的回归结果中可以看出，在考虑了分析师预测精确度（*Analyst*）后，会计信息可比性（*CompAcct*）与股权融资成本（*RE*）的回归系数为 -0.0175，依旧显著负相关；分析师预测精确度（*Analyst*）与股权融资成本（*RE*）的回归系数为 -0.0020，也显著负相关。另外，在加入会计信息可比性与分析师交乘项（*Analyst* × *CompAcct*）后，交乘项的回归系数为 -0.0382，且与股权融资成本（*RE*）在 5% 的水平上显著负相关。可见分析师预测精确度越高，其对会计信息可比性与企业股权融资成本的负向调节作用越强。另外，会计信息可比性（*CompAcct*）与股权融资成本（*RE*）不再具有显著性，分析师预测精确度依然与股权融资成本显著负相关。

根据以上理论分析和实证结果，本书研究认为，具有解读和分析企业会计信息能力的分析师，面对会计信息可比性较高的企业，其分析预测精确度越高，企业的会计信息透明度就越高，银行等债权人、投资者与企业之间的会计信息不对称就会得到进一步的越低，并导致相应的融资成本下降。另外，通过对比表 5.9 中债务融资成本和股权融资成本的检验结果，我们发现分析师预测精确度与企业债务融资成本正相关，与股权融资成本负相关。我们猜测原因是，银行等债权人对借款的定价往往是根据企业的真实财务状况制定的，如果分析师预测精确度越高，企业暴露出的财务问题也就越多，从而增加了债务融资成本；分析师预测精确度越高，企业未来盈余就越清晰，股权投资者则更偏好财务信息透明的企业，所要求的资本成本就会更低。

5.7　本章小结

本章以我国 2002 ~ 2014 年 A 股上市公司为检验样本，经实证研究发现：会计信息可比性越高，企业的融资成本就越低，这与其他学者的研究结论基本保持一致。根据我们的进一步分析发现：（1）企业的贷款违约概率较大时，企业会计信息可比性的增加将更大程度地降低企业的债务融资成本。企业存在较大违约风险时，银行等发放贷款单位将会同样重视会计信息的可比性。这是因为较高可比性的企业会计信息透明度较高，进而企业的债务融资成本依然保持较低。（2）企业的股价崩盘风险较大时，企业会计信息可比性的增加将不再能够显著地降低企业的股权融资成本。即在不同程度股价崩盘风险下，会计信息可比性对企业股权融资成本的影响是有所差异的，且随着股价崩盘风险的提高，会计信息可比性对企业股权融资成本的负相关关系会减弱；随着股价崩盘风险的降低，会计信息可比性对企业股权融资成本的负相关关系会加强。（3）分析师预测精确度较高时，企业会计信息可比性的增加将能够同时显著降低企业的债务融资成本和股权融资成本。因为具有解读和分析企业会计信息能力的分析师，面对会计信息可比性较高的企业，其分析预测精确度越高，企业的会计信息透明度就越高，银行等债权人、投资者与企业之间的会计信息不对称就会得到进一步降低，并导致相应的融资成本下降。

　　这一章的主要目的是验证会计信息可比性增加对企业债务（股权）融资成本的降低作用是否成立，并进一步探索了企业贷款违约预测、股价崩盘风险以及分析师预测精确度在会计信息可比性与债务（或股权）融资成本两者关系中发挥的调节作用。本章研究贡献包括：以往的研究大多只是验证了会计信息可比性与企业融资成本之间的相关关系，而本章的研究则是一方面验证了以往研究观点，另一方面还验证了在会计信息可比性作用于企业融资成本中的调节变量是如何影响并改变两者之间关系的。

第 6 章
准则弹性、会计信息可比性
与企业融资成本

6.1　引　言

　　现实中，中国企业融资规模在持续增长。上市公司在会计信息披露过程中存在着信息披露不可靠、不相关及不可比等诸多问题，财务造假现象也屡见不鲜，这对投资者的投资决策造成了很大的干扰，对资本市场中的融资行为造成了负面影响（范少君，2015）。那么，要降低中国上市公司的融资成本，就需要提高上市公司会计信息质量，建立更健全、更完善的会计信息系统。通常会计信息系统的改进是需要会计准则改革来推动的。2007 年以前，我国执行的会计准则是以规则导向为主，以规则为基础的会计准则的特征是大量示范和举例、内容相对比较具体。虽然以规则为基础的方法看似降低了会计准则弹性，但还是需要一些必需的职业判断。财政部于 2006 年发布的包括 1 项基本准则和 38 项具体准则的企业会计准则体系与国际会计准则基本保持了趋同，在实施几年来取得了很好的成效。在 2006 年会计准则公布之后，2007 年及以后年份执行的会计准则是规则导向的，以规则导向为基础的新会计准则的特征是，会计准则仅仅是用来提供针对实务帮助和指导的，很多时候要求会计人员根据职业判断从备选项中选择出所需要的选项，并不包括具体的操作指南，以使准则有一定的操作性。因此，经对比上述两个特征可以发现，原则导向的会计准则相对规则导向的会计准则存在更多的准则弹性和职业判断的余地。但是财政部变更或制定会计准则的初衷是为了在许多复杂例外的情况下或相互冲突的指南中确定会计处理方法，抓住交易或事项的经济实质。诚然在准则弹性增大的情况，报表编制者和审计师在处理经济业务时运用大量的职业判断，财务报表提供的信息有可能质量下降。如果企业因利用会计准则弹性而进行不恰当的会计行为，就会引发一系列的不良后果，比如说企业的融资成本增加。但是本书研究认为，以改善会计信息可比性为目标而进行的会计准则变更，会计报告披露的会计信息质量会朝着准则制定的初衷方向提高。这是由于企业公告的会计信息是具有经济后果的，也就是说，企业在各方监督下，一般而言企业管理者会按照会计准则变更的初衷方向进行账务处理，提升会计信息质量，在资本市场上更好地优化其资源配置，最终实现企业与投资者"双赢"的局面。

企业本身即是一群契约的组合体①，因此企业存在的目的就是要满足契约双方的要求。例如，企业与债权人之间的信贷契约②。通常会计信息对债权人具有重要意义，为了签订契约，契约的双方就需要使用会计信息建立各种债务条款，霍尔特豪森和莱夫特威克（Holthausen and Leftwich，1983）指出，会计信息影响债权人的决策和产权保护。从契约角色的经济后果来看，会计信息的另一项角色，就是在债务契约签订之后，可以对股东的剥夺行为及早提供预警的功能。债权人为了避免此类剥削行为的发生，将会在契约中制定以会计数字为基础的债务条款。例如，借款公司在契约持有期间，若其杠杆比率超过某一个预先设定的门槛值，就有可能导致债务契约违约，因而查封

---

① 根据新制度经济学，企业是一系列契约的联结，"契约"在广义上也包含企业契约各方的"行为"。

② 信贷契约是指企业所有者、管理者与银行及债券持有人之间的合同。

预先设定的担保品，或者债务契约进入重新谈判的过程。随着资本市场的发展，债务融资和股权融资已经成为企业在资本市场融资的主要方式。作为投资者，他们对公司的认知情况会影响到公司在资本市场的融资。如果存在严重的会计信息不对称，则会增加投资者的信息风险，进而会要求较高的资本成本。因此，如果企业的会计信息可比性较高，就会提升企业会计信息透明度，减少投资者的信息风险。

本书研究认为，作为会计信息质量重要特征之一的可比性，对企业在资本市场中的融资行为具有重要影响。根据第 4 章和第 5 章的结论分析，会计准则变更后，准则弹性的变化也将通过会计信息系统传递至企业的会计信息，并引起会计信息可比性的变化，进而可能会间接地引起融资成本的变化。因此，本书研究认为，会计信息可比性可能在准则弹性对企业融资成本之间发挥着中介效应。

6.2　文献回顾

根据本章的研究路线，文献回顾应该沿着会计准则弹性对企业会计信息可比性、企业资本成本的影响和会计信息可比性对企业融资成本三个方面进行梳理。由于第一方面文献我们在第 4 章已经有了全面的梳理，第三方面文献我们也已经在第 5 章进行了全面梳理，因此，我们将从第二方面的文献进行梳理，该方面已有的相关文献相对较少，且基本集中在准则国际趋同方面。

李（Li，2010）检验了 2005 年欧盟要求强制实施国际会计准则（IFRS）对权益资本成本的影响，发现一般而言，对于强制实施 IFRS 的企业权益资本成本降低了，并指出信息披露的增加和可比性的提高是资本成本下降的两个机制。此外，可比性的提高能够带来正的外部性，如果两个国家都采纳国际会计准则，那么一个国家的企业披露的信息对于评价另一个国家的企业价值就更加可比，从而降低估计风险和权益资本成本，而且这种外部性随着采纳国际会计准则国家数目的增多而进一步增强。汪祥耀和叶正虹（2011）的研究也表明，在2007年实施新会计准则后我国资本市场整体股权资本成本降低，但该结论并不适用于所有行业。高芳和傅仁辉（2012）研究发现，会计准则改革显著提高了上市公司的股票流动性，降低了权益资本成本，进而提高了企业价值。张先治等（2014）认为，会计准则变革影响会计信息在债务契约中的有用性，进而影响企业债务契约的效率，并且这种影响也是双重的。一方面，新会计准则中公允价值的引入增加了与主营业务无关的暂时性收入，使得利润波动增大，降低了债权人所关注的会计利润对企业未来盈利的预测能力，从而使会计信息的契约有用性下降；另一方面，资产减值损失不得转回、合并报表范围扩大等，降低了利润波动，提升了会计利润与未来盈利能力的相关性，增加了会计信息的契约有用性。张（Zhang，2013）从公司整体角度来看会计准则变革的影响，其研究发现会计准则变更可以降低会计计量偏差，进而投资者可以更为精确地估算企业未来现金流，那么投资者所面临的系统风险更低，其所求的资本成本就更低。站在股票流动性的角度分析，会计准则变革可以提升信息披露质量，减少信息不对称，增加股票流动性，进而降低资本成本。张先治等（2014）认为，会计准则变革不仅会影响资本市场和财务报告，还对企业行为和经营理念产生重要作用。并认为会计准则变革可以从总体上降低股权资本成本；从融资渠道角度来分析，受托责任观转为决策有用观，使得企业更加面向资本市场，向全球资本市场寻求更多的资金支持，管理者就可以通过筛选和对比资金供给方，以此来获取更为优质的资金，使其获得资本的成本更低；从系统风险角度来分析，由收入费用观转为资产负债观，可以强化企业对未来现金流不确定性的控制与关注、会计信息可以更为有效地反映企业未来盈利能力，使得投资者对企业未来现金流的预测偏差减小，系统风险也随之降低，进而权益资本成本下降。燕玲（2014）以上市公司的债务融资成本为切入点，探讨了我国上市公司实施新会计准则的经济后果。以2002~2011年我国A股上市公司的数据为样本，研究发现，新会计准则的实施会对非国有控股上市公司的债务融资成本产生影响，而对国有控股上市公司来说其影响并不明显。

根据上述文献分析，我们总结出会计准则改革有助于提升会计信息质量，也会间接地降低企业融资成本。但不难发现上述文献均未研究会计准则变更背后推动会计可比性提升的一个关键因素，也就是我们提出的准则弹性；另外，最终准则弹性是如何传导到企业融资成本的也并未涉及。所以，我们认为会计准则弹性如果能够与企业的经济业务更加匹配，使得企业的会计信息系统更加完善的话，就更能够提升会计信息质量（包括可比性），进而降低企业的融资成本。

6.3　理论分析与研究假设

舒茨和泽夫（Schuetze and Zeff，1978）提出，会计准则具有经济后果，即会计报告能够对企业、政府、投资者和债权人的决策行为产生影响。从本质上来讲，每一次会计准则的变化都会影响企业的决策，具有一定的经济后果。2006 年会计准则变更的最大特征就是从"规则导向"转为"原则导向"，即相对旧会计准则而言，新会计准则更加富有弹性。特别是新会计准则中公允价值的扩大应用，也是会计准则弹性增大的一个重要体现。这一变化揭示了新会计准则侧重于使会计信息更真实地反映企业的经济实质，强调有利于利益相关者的决策。所以，本书研究认为，我国于 2007 年开始实施的新会计准则提供了一个研究会计准则弹性变化如何影响会计信息可比性的契机。通常会计政策变更会导致企业前后运用不同的会计处理方法处理经济业务，进而会产生不同的代理绩效和契约责任。从会计学的角度来看，会计政策变更问题为企业契约关系的确立和考核提供了公平、合理的衡量基础。本书研究以 2006 年会计政策变更之后各项会计准则中变化最为显著的公允价值会计准则弹性变化为例，分析其对会计信息质量和企业融资的影响。一方面，公允价值（fair value）按照英文含义可理解为"公平价值"，相对历史成本计量属性更能体现资产或者权益的真实价值。新准则下公允价值下会计信息的"结果真实导向"比历史成本下会计信息的"程序真实导向"更具有产权经济意义。即收入费用观向资产负债表观的转变,更关注企业全面价值管理和创造及长远经营理念的塑造(曹越和伍中信,2009)。根据费尔萨和奥尔森(Feltham and Ohlson,1995)的模型可知,公司的价值主要包括净资产的账面价值和超额盈余的贴现两个方面。所以,如果当会计计量完全趋于公允价值的话,净资产将等于公司价值,预期的超额盈余将近乎为零。这样公允价值提供的企业真实会计信息将会被银行等债权人所获得。另一方面,公允价值的运用使得企业会计准则弹性增加,特别是其主要特点是"财务报告的提供者在期末判断以公允价值计量的资产价值是否发生变化,并在资产负债表中更改其金额"。对于企业而言,会计运行的过程其实就是会计政策实施的过程,该准则弹性的特点就使得各企业之间披露出以公允价值计量的资产的价值更具有可比性,将有助于改善企业会计信息透明度。鉴于以上分析,我们认为在形式上会计政策体现为企业会计报告生产过程的一种加工程序,但在本质上是社会经济、各政治利益集团的博弈规则和契约安排,这种博弈规则和契约安排构成了企业会计政策选择的理论基础。

那么银行等金融机构和股票投资者作为我国资本市场中最重要的利益相关者,其投资决策是否因准则颁布后会计准则弹性变化而发生相应变化呢?对此早有学者提出了会计准则变更对企业会计信息可比性以及各种契约产生影响的经济后果,比如国家的市场流动性提高、资本成本下降且企业价值提升(Daske et al.,2008);提高了高管薪酬契约中的业绩敏感性,同时也提高了相对业绩评价的概率(Ozkan et al.,2012);投票权溢价平均降低了8%,而且这种投票权溢价效应在强制执行体制的国家更为明显,反映了会计信息透明度和可比性的提高(Hong,2013);国际会计准则趋同还可以提高不同国家(或地区)间的资源流动速度,优化区域性的资源配置(陈信元等,2011;Barth et al.,2012;De George et al.,2016;易阳等,2017)。这些研究结论均表明会计准则变更,特别是向国际会计准则趋同的变更,可以提高企业的会计信息可比性，有助于契约的签订。另外，我们结合第 4 章的分析，可以得出 2006 年新会计准则的颁布，特别是公允价值的运用体现为准则弹性的增加，该准则弹性的适当增大在一定程度上提升了会计信息的可比性；我们再结合第 5 章的结论，可知会计信息可比性的提高可以降低企业的债务（股权）融资成本。根据以上分析和前文研究结论，本书研究猜测会计准则弹性会通过影响企业的会计信息可比性进而影响企业的融资成本，对照第 5 章分别得出以下两个研究假设。

假设 6－1：公允价值准则变更引起的准则弹性增加通过提高企业会计信息可比性而降低企业的债务融资成本。

假设 6－2：公允价值准则变更引起的准则弹性增加通过提高企业会计信息可比性而降低企业的股权融资成本。

6.4　实证研究设计

6.4.1　变量定义与模型设计

1. 准则弹性、会计信息可比性与企业债务融资成本

为了研究准则弹性对企业债务融资的影响，以及会计信息可比性（*CompAcct*）在此过程中发挥的中介效应，本书研究建立如下多元线性回归模型：

$$DF_{it+1} = \alpha_0 + \alpha_1 \, Flexibility_{it} + \alpha_2 \, Return_{it} + \alpha_3 \, CR_{it} + \alpha_4 \, ER_{it} + \alpha_5 \, Fix_{it} +$$
$$\alpha_6 \, IT_{it} + \alpha_7 \, CTR_{it} + \alpha_8 \, Growth_{it} + \alpha_9 \, IMP_{it} + \alpha_{10} \, Size_{it} + \alpha_{11} \, Lev_{it} +$$
$$\alpha_{12} \, CFO_{it} + \alpha_{13} \, ROA_{it} + \alpha_{14} \, State_{it} + \sum IND + \varepsilon_{it} \tag{6.1}$$

$$CompAcct_{it} = \alpha_0 + \alpha_1 \, Flexibility_{it} + \alpha_2 \, Size_{it} + \alpha_3 \, B/M_{it} + \alpha_4 \, Lev_{it} +$$
$$\alpha_5 \, ROA_{it} + \alpha_6 \, CFO_{it} + \sum IND + \varepsilon_{it} \tag{6.2}$$

$$DF_{it+1} = \alpha_0 + \alpha_1\,CompAcct_{it} + \alpha_2\,Flexibility_{it} + \alpha_3\,Return_{it} + \alpha_4\,CR_{it} +$$

$$\alpha_5\,ER_{it} + \alpha_6\,Fix_{it} + \alpha_7\,IT_{it} + \alpha_8\,CTR_{it} + \alpha_9\,Growth_{it} + \alpha_{10}\,IMP_{it} +$$

$$\alpha_{11}\,Size_{it} + \alpha_{12}\,Lev_{it} + \alpha_{13}\,CFO_{it} + \alpha_{14}\,ROA_{it} + \alpha_{15}\,State_{it} +$$

$$\sum IND + \varepsilon_{it} \tag{6.3}$$

其中，针对因变量企业债务融资成本（ DF ），我们借鉴皮特曼和福丁（Pittman and Fortin，2004）和蒋琰（2009）的做法，采用企业利息支出占当年长短期负债平均值的比重来计算债务融资成本。其中，短期负债为资产负债表中的短期借款，长期负债包括一年内到期的长期借款、长期借款、应付债券、长期应付款及其他长期负债。考虑到货币政策对企业债务融资成本的影响存在滞后效应，同时避免内生性问题的影响，本书研究对企业债务融资成本变量做了滞后一期处理。 $CompAcct$ 代表企业的会计信息可比性，计算过程与第4章相同； $Flexibility$ 代表每一家企业层次的准则弹性大小，样本数据公司 i 从 2005～2006 年准则弹性赋值为 0，2007 年及以后年份准则弹性赋值为该公司公允价值计量的资产占总资产的比重。其他控制变量定义如表 6.1 所示。

表 6.1 　　　　　　　　　　　　　　　**变量定义与计算公式**

变量代码	变量名称	变量取值方法及说明
DF_{it+1}	债务融资成本	企业利息支出占当年长短期负债平均值的比重
RE_{it}	股权融资成本	普通股股东的预期报酬率
$Flexibility_{it}$	准则弹性	样本数据公司 i 从 2005～2006 年准则弹性赋值为 0；2007 年及以后年份准则弹性赋值为该公司公允价值计量的资产占总资产的比重
$CompAcct_{it}$	会计信息可比性	根据德弗朗哥等（2011）计算方法计算而得，本书选取配对后前四以内公司的均值代表该公司的可比性
$Return_{it}$	年度个股收益率	考虑现金红利再投资的年个股回报率
CR_{it}	流动比率	流动资产/流动负债
ER_{it}	产权比率	负债总额与所有者权益总额的比率
Fix_{it}	抵押能力	固定资产占总资产的比率
IT_{it}	存货周转率	销售成本/存货期末余额

变量代码	变量名称	变量取值方法及说明
CTR_{it}	现金及其等价物周转率	货币资金/总资产
$Growth_{it}$	营业收入增长率	（营业总收入本年本期金额 – 营业总收入上年同期金额）/（营业总收入上年同期金额）。反映企业成长情况的因素，成长性不同，债权人索要的资本成本也可能不同
Lev_{it}	资产负债率	总负债/总资产
$Size_{it}$	企业规模	对企业资产取自然对数
IMP_{it}	利息保障倍数	衡量偿付借款利息的能力
ROA_{it}	资产收益率	净利润除以总资产。反映盈利能力的因素，盈利能力越高，债权人的风险越低，其索要的资本成本可能就越低
CFO_{it}	现金流量	企业经营活动产生的现金流量净额/期初总资产
$State_{it}$	企业性质	国有企业为 1，非国有企业为 0

2. 准则弹性、会计信息可比性与企业股权融资成本

为了研究准则弹性对企业股权融资的影响，以及会计信息可比性在此过程中发挥的中介效应，本书研究借鉴曾颖和陆正飞（2006）与叶陈刚等（2015）等文献，建立如下多元线性回归模型：

$$RE_{it} = \beta_0 + \beta_1\, Flexibility_{it} + \beta_2\, Size_{it} + \beta_3\, Lev_{it} + \beta_4\, Roa_{it} + \beta_5\, Growth_{it} +$$
$$\beta_6\, Fix_{it} + \beta_7\, CFO_{it} + \beta_8\, IMP_{it} + \beta_9\, State_{it} + \sum IND + \varepsilon_{it} \qquad (6.4)$$

$$CompAcct_{it} = \beta_0 + \beta_1\, Flexibility_{it} + \beta_2\, Size_{it} + \beta_3\, B/M_{it} + \beta_4\, Lev_{it} +$$
$$\beta_5\, ROA_{it} + \beta_6\, CFO_{it} + \sum IND + \varepsilon_{it} \qquad (6.5)$$

$$RE_{it} = \beta_0 + \beta_1\, CompAcct_{it} + \beta_2\, Flexibility_{it} + \beta_3\, Size_{it} + \beta_4\, Lev_{it} +$$
$$\beta_5\, Roa_{it} + \beta_6\, Growth_{it} + \beta_7\, Fix_{it} + \beta_8\, CFO_{it} + \beta_9\, IMP_{it} +$$
$$\beta_{10}\, State_{it} + \sum IND + \varepsilon_{it} \qquad (6.6)$$

在模型（6.4）和模型（6.6）中，RE 是被解释变量，代表企业的股权

融资成本，即权益资本成本。权益资本成本是普通股股东的预期报酬率，其计算过程与第 5 章相同。自变量中，*CompAcct* 代表企业的会计信息可比性，计算过程与第 4 章相同；*Flexibility* 代表每一家企业层次的准则弹性大小，样本数据公司 *i* 从 2005～2006 年准则弹性赋值为 0，2007 年及以后年份准则弹性赋值为该公司公允价值计量的资产占总资产的比重。本章的控制变量的选取参考了相关已有文献的研究，具体如下：*Return* 是股票收益率，其值越高，说明企业的经营业绩越好，就更加容易筹集到所需的资金；*CR* 是流动比率，其比率越高，说明企业资产的变现能力越强，短期偿债债务的能力也就越强；*ER* 是产权比率，其比率较高的话，就说明该企业的财务结构是高风险、高报酬的，进而影响企业债务融资成本；*Fix* 是资产可抵押性，其值越高，说明企业的固定资产等易变现的资产比率越大，对债务的担保程度也越高；*IT* 是存货周转率，其值越高，说明企业存货转换为现金或应收账款的速度越快，能提高企业的变现能力；*CTR* 是现金及现金等价物周转率，其值越高，说明企业对现金的利用效率越好，进而影响企业融资行为；*RTR* 是营业收入增长率，其值越高，说明企业成长速度越快，进而越需要融资满足经营周转；*Size* 是企业规模，其值越大，代表公司规模越大，越需要更多的资金来维持企业的庞大运营；*Lev* 是资产负债率，其值越大，代表公司负债率越高，对企业的融资活动具有重要影响；*CFO* 是现金流量，一般来说现金流量越充裕，对债务融资的需求就越小；*ROE* 是净资产收益率，其值越高，说明企业的盈利能力越强，从而也更容易获得贷款，体现了资本的逐利性和资本配置的有效性。上述模型中的各个变量的具体定义和解释如表 6.1 所示。

6.4.2 样市选择和数据来源

本章依然以 2002～2014 年深、沪 A 股上市公司为研究对象。这是由于 2001 年执行新会计准则后，由于会计信息可比性的计算要求连续 16 个季度的数据，而我们能从国泰安数据库中获取的季度数据是从 2002 年开始的，于是计算出的会计信息可比性是从 2005 年开始。为了尽可能保持 2006 年准则变化前后样本数据的平衡，我们的数据截至 2011 年。为了进一步考察最近几年会计信息可比性对企业融资成本的作用，我们在稳健性检验里面把实验样本期间延长至 2016 年。本书所运用的数据均来自国泰安信息技术有限公司（CSMAR）提供的数据。根据本书研究目的，也为了保证研究结论的稳健性，本书对样本进行了如下处理：剔除金融行业样本，剔除模型中各变量数据缺失的公司。

6.5　实证结果及分析

6.5.1　描述统计

主要变量的描述性统计如表 6.2 所示。因变量为下一期的债务融资成本（DF），其平均值为 0.0612，中位数为 0.0536。自变量分别为：会计信息可比性（CompAcct），其平均值为 -0.0410，中位数为 -0.0290；准则弹性（Flexibility），其平均值为 0.0071，中位数为 0.0000，这是由于我们把 2005 年、2006 年的准则弹性赋值为 0，把 2007～2011 年的准则弹性赋值为各公司公允价值计量的资产占总资产比重所导致的。其他控制变量的描述统计情况如表 6.2 所示。

表 6.2　　　　　　　　　　　　主要变量的描述性统计

变量	均值	标准差	最大值	最小值	中位数
DF_{it+1}	0.0612	0.0547	0.4372	0.0000	0.0536
RE_{it}	0.0383	0.0218	0.1113	0.0004	0.0347
$CompAcct_{it}$	-0.0410	0.0488	-0.0123	-0.3929	-0.0290

续表

变量	均值	标准差	最大值	最小值	中位数
$Flexibility_{it}$	0.0071	0.0310	0.2320	0.0000	0.0000
CR_{it}	1.4954	1.2026	8.5189	0.1523	1.2001
Fix_{it}	0.2880	0.1833	0.7514	0.0025	0.2583
CTR_{it}	8.4556	10.9516	83.4042	0.2034	5.2009
$Growth_{it}$	0.2137	0.5349	4.6850	−0.7285	0.1448
Lev_{it}	0.5185	0.1889	1.0630	0.0766	0.5296
$Size_{it}$	21.8152	1.1719	26.9545	19.2878	21.6938
ROA_{it}	0.0321	0.0615	0.1976	−0.2437	0.0310
$State_{it}$	0.6823	0.4656	1.0000	0.0000	1.0000
CFO_{it}	0.0491	0.0892	0.7713	−2.2828	0.0479

主要变量的 Pearson 相关系数分析如表6.3所示。我们主要研究的会计信息可比性（$CompAcct$）与债务融资成本（DF）的相关系数为 −0.073，两者之间是显著负相关的，这表明会计信息可比性越高，债务融资成本越低；会计准则弹性（$Flexibility$）与因变量债务融资成本（DF）的相关系数是 0.003，两者之间是正相关的，但是并不显著；会计准则弹性（$Flexibility$）与会计信息可比性（$CompAcct$）的相关系数是 0.006，两者之间是显著正相关的，这说明准则弹性可以提高会计信息可比性，与第4章检验结果一致。综上所述，我们可以初步看出，会计准则弹性增加通过提高企业会计信息可比性而降低企业的债务融资成本，与我们的预期相符。

6.5.2　实证结果分析

表6.4是对方程（6.1）~方程（6.3）回归检验的结果。在回归过程中，我们还控制了行业固定效应以剔除行业差异对估计结果的影响。我们对模型估计均进行了 Robust 处理，同时对模型估计系数的标准差按照公司进行了聚类调整（clustered by firm），以更准确地估计系数的显著性，回归分析具体如下。

表 6.3　主要变量的 Pearson 相关系数分析

变量	RE_{it}	DF_{it+1}	$CompAcct_{it}$	$Flexibility_{it}$	Fix_{it}	$Growth_{it}$	Lev_{it}	$Size_{it}$	ROA_{it}	$State_{it}$	CFO_{it}
RE_{it}	1										
DF_{it+1}	-0.056***	1									
$CompAcct_{it}$	-0.028**	-0.073***	1								
$Flexibility_{it}$	0.017	0.003	0.006	1							
Fix_{it}	0.043***	0.015	0.071***	-0.023*	1						
$Growth_{it}$	-0.004	-0.025	-0.027**	-0.013	-0.031**	1					
Lev_{it}	0.031**	0.054***	-0.176***	0.012	0.006	0.046***	1				
$Size_{it}$	0.267***	-0.139***	0.109***	0.007	0.071***	0.106***	0.241***	1			
ROA_{it}	0.069***	-0.099***	0.109***	0.001	-0.078***	0.201***	-0.396***	0.200***	1		
$State_{it}$	0.125***	-0.065***	0.090***	0.013	0.144***	-0.005	0.039***	0.216***	-0.007	1	
CFO_{it}	0.077***	0.012	0.078***	-0.018	0.256***	0.050***	-0.154***	0.048***	0.283***	0.063***	1

注：*、**、*** 分别表示在10%、5%、1%水平上显著。

表6.4　　　　　　　　准则弹性、会计信息可比性与债务融资成本

变量	回归方程（6.1）		回归方程（6.2）		回归方程（6.3）	
因变量	DF_{it+1}	系数	$CompAcct_{it}$	系数	DF_{it+1}	系数
自变量	$Flexibility_{it}$	0.0001 *** (9.5200)	$Flexibility_{it}$	0.0002 *** (4.3400)	$Flexibility_{it}$	0.0001 (0.7300)
					$CompAcct_{it}$	−0.0736 ** (−2.3200)
控制变量	$Return_{it}$	0.0003 (0.3400)	B/M_{it}	0.0038 *** (4.1100)	$Return_{it}$	0.0004 (0.4100)
	CR_{it}	−0.0038 * (−1.9500)	$Size_{it}$	0.0057 *** (6.4400)	CR_{it}	−0.0040 *** (−3.0600)
	ER_{it}	−0.0010 (−0.5800)	Lev_{it}	−0.0600 *** (−9.8300)	ER_{it}	−0.0008 (−0.8100)
	Fix_{it}	−0.0004 (−0.0400)	ROA_{it}	0.0087 (0.4000)	Fix_{it}	0.0002 (0.0200)
	IT_{it}	0.0000 (1.1000)	CFO_{it}	0.0104 (0.5100)	IT_{it}	0.0000 (1.0500)
	CTR_{it}	0.0003 *** (3.1200)			CTR_{it}	0.0003 *** (3.3900)
	$Growth_{it}$	−0.0009 (−0.6900)			$Growth_{it}$	−0.0013 (−0.7400)
	Lev_{it}	0.0194 (1.0500)			Lev_{it}	0.0145 (1.4300)
	$Size_{it}$	−0.0064 *** (−5.7000)			$Size_{it}$	−0.0063 *** (−6.5100)
	IMP_{it}	−0.0000 (−0.4900)			IMP_{it}	−0.0000 (−0.7700)
	ROA_{it}	−0.0137 (−0.4000)			ROA_{it}	−0.0148 (−0.6800)
	$State_{it}$	−0.0048 ** (−2.3200)			$State_{it}$	−0.0044 ** (−2.1000)

续表

变量	回归方程（6.1）		回归方程（6.2）		回归方程（6.3）	
因变量	DF_{it+1}	系数	$CompAcct_{it}$	系数	DF_{it+1}	系数
控制变量	CFO_{it}	0.0071 (0.4100)			CFO_{it}	0.0071 (0.5400)
	$Constant$	0.2010 (8.8700)	$Constant$	−0.1282 *** (−7.1800)	$Constant$	0.1974 *** (9.3500)
	行业	控制	行业	控制	行业	控制
R^2	0.0631		0.1458		0.0633	
N	3090		5414		3090	

注：（）内为回归系数的 T 值，＊、＊＊、＊＊＊分别表示在10%、5%、1%水平上显著。

　　根据表6.4中回归方程（6.1）的回归结果可以看出，准则弹性（*Flexibility*）与债务融资成本（*DF*）的回归系数为0.0001，且在1%的水平上显著为正。即准则弹性越大的企业，企业的债务融资成本就越高。这印证了贝蒂等（Beaty et al.，2002）的观点，即当债务契约允许较大弹性的会计变动时，贷款者会要求较高的利率。另外，该结论也与贝蒂等（2002）所证实的观点一致，即会计准则弹性变大时，贷款利息确实较高。鲍尔（Ball，2006）也曾指出，公允价值取向的 IFRS 可能增加财务报告的波动，这种波动的噪音来自固有的估计错误和管理层操纵。这说明2006年后我国的会计准则向 IFRS 趋同后，披露出的会计信息质量更高，但当公司有机会并有动机操纵财务信息时，也会产生低质量的会计信息。这已经在第4章的进一步分析中得到了验证。

　　根据表6.4中回归方程（6.2）的回归结果可以看出，准则弹性（*Flexibility*）与企业会计信息可比性（*CompAcct*）的回归系数为0.0002，且在1%的水平上显著为正。即受到准则弹性影响越大的企业，其会计信息可比性越高，这也与第4章 DID 的检验结果一致。这主要是由于我国2007年强制性地与 IFRS 进行了实质性的趋同，提高了会计准则的规范性以及与企业经济业务的相适应性，可以增加与同行公司之间的高效信息传递，提高同行业企业之间的会计信息可比性（Gleason et al.，2008）。

根据表 6.4 中回归方程（6.3）的回归结果可以看出，当我们把准则弹性（Flexibility）、会计信息可比性（CompAcct）同时与债务融资成本（DF）回归时，我们发现准则弹性（Flexibility）的回归系数依然为 0.0001，但是不再具有显著性；而会计信息可比性（CompAcct）的回归系数为 − 0.0736，且在 5% 的水平上显著为负（与第 5 章研究结论一致）。这说明会计准则弹性增加通过提高企业会计信息可比性而降低企业的债务融资成本，验证了上述假设 6 − 1。另外，我们也关注到其他控制变量，如流动比率（CR）的回归系数为 − 0.0040，且在 1% 的水平上显著为负。这表明，企业的流动资产占流动负债比例越高，企业偿债能力越强，债务融资成本就越低。企业实际控制人性质（State）的回归系数为 − 0.0044，且在 5% 的水平上显著为负。这说明国有企业比非国有企业的上市公司的债务融资成本相对更低。这可能是由于国有企业与国有银行之间有着极强的关系，所以国有企业债务融资约束小，资金的可获得性强且成本低。

根据表 6.5 中回归方程（6.4）的回归结果可以看出，准则弹性（Flexibility）越大的企业，企业的股权融资成本（RE）越高。这说明当会计准则弹性变大时，股权投资者意识到企业经理有可能基于个人机会主义行为隐藏坏消息，导致上市公司管理层信息披露的会计信息不对称，使得投资者面对较大的投资风险。且已有研究表明这种信息风险具有不可分散的特性（Francis et al. ，2005），那么分散不足的投资者就需要一个额外的信息风险溢价，且股权投资者所要求的风险溢价与信息风险成正比（Easley and O'Hara，2004），即权益资本成本越大。

表 6.5 准则弹性、会计信息可比性与股权融资成本

变量	回归方程（6.4）		回归方程（6.5）		回归方程（6.6）	
因变量	RE_{it}	系数	$CompAcct_{it}$	系数	RE_{it}	系数
自变量	$Flexibility_{it}$	0.0001 ** (2.4500)	$Flexibility_{it}$	0.0002 *** (4.3400)	$Flexibility_{it}$	0.0001 (0.7800)
					$CompAcct_{it}$	− 0.0153 *** （− 2.4900）

续表

变量	回归方程（6.4）		回归方程（6.5）		回归方程（6.6）	
因变量	RE_{it}	系数	$CompAcct_{it}$	系数	RE_{it}	系数
控制变量	Fix_{it}	0.0016 （0.9300）	B/M_{it}	0.0038 *** （4.1100）	Fix_{it}	0.0112 *** （5.7200）
	$Growth_{it}$	− 0.0007 （− 1.4200）	$Size_{it}$	0.0057 *** （6.4400）	$Growth_{it}$	− 0.0016 *** （− 3.0000）
	Lev_{it}	− 0.0073 *** （− 4.6800）	Lev_{it}	− 0.0600 *** （− 9.8300）	Lev_{it}	− 0.0081 *** （− 4.5200）
	$Size_{it}$	0.0056 *** （21.8300）	ROA_{it}	0.0087 （0.4000）	$Size_{it}$	0.0044 *** （16.3400）
	IMP_{it}	0.0000 *** （3.0200）	CFO_{it}	0.0104 （0.5100）	IMP_{it}	0.0000 *** （2.4200）
	ROA_{it}	0.0124 ** （2.1600）			ROA_{it}	− 0.0065 （− 1.1600）
	CFO_{it}	0.0081 ** （1.9900）			CFO_{it}	0.0173 *** （5.1800）
	$State_{it}$	0.0030 *** （4.9200）			$State_{it}$	0.0030 *** （4.8400）
	$Constant$	− 0.0852 *** （− 16.1400）	$Constant$	− 0.1282 *** （− 7.1800）	$Constant$	− 0.0811 *** （− 13.9200）
	行业	控制	行业	控制	行业	控制
R^2	0.3575		0.1458		0.1770	
N	5375		5414		5375	

注：（ ）内为回归系数的 T 值，*、**、*** 分别表示在10%、5%、1%水平上显著。

根据表6.5中回归方程（6.5）的回归结果可以看出，准则弹性（*Flexibility*）越大的企业，企业的会计信息可比性（*CompAcct*）越高，这与第4章 DID 的检验结果一致。这是由于我国 2007 年强制与 IFRS 进行了实质性的趋同，提高了会计准则的规范性以及与企业经济业务的相适应性，可以增加与同行公司之间的高效信息传递，提高会计信息可比性（Gleason et al.，2008）。

根据表6.5中回归方程（6.6）的回归结果可以看出，当我们把准则弹性

（*Flexibility*）、会计信息可比性（*CompAcct*）同时与股权融资成本（*RE*）回归时，我们发现准则弹性（*Flexibility*）不再具有显著性，而会计信息可比性（*CompAcct*）显著为负，回归系数为 -0.0153（与第 5 章研究结论一致），这说明会计准则弹性的增加通过提高企业会计信息的可比性而降低了企业的股权融资成本，验证了上述假设 6-2。

根据表 6.4 和表 6.5 中的六个回归方程的回归结果分析，会计准则变更后，公允价值所体现出的准则弹性增加，通过提高企业的会计信息可比性在整体上降低了企业融资成本，即会计信息可比性在会计准则弹性与企业融资成本之间发挥着完全中介效应。此外，我们注意到表 6.5 的回归方程（6.4）和回归方程（6.6）中，企业性质（*State*）都在 1% 的水平上显著为正。这说明在其他条件不变时，会计准则弹性对企业股权融资成本（*RE*）的影响在国有企业与非国有企业中是有所差异的，且结果刚好与表 6.4 中，企业性质（*State*）对债务融资成本（*DF*）的影响方向相反。这可能是因为当企业的留存收益不能满足企业快速发展的需要时，企业就会寻求内外部融资，包括内部股权融资和外部的债务融资。但是，根据上述研究结论我们可以发现，不同产权性质的企业融资行为存在很大的差异。首先，在债务融资方面，国有企业更容易获得银行贷款，而非国有企业通常面临债务融资歧视。由于国有银行和国有企业之间存在关系纽带，相对于非国有企业而言，国有企业债务融资的可获得性要强，债务融资能够较好地满足企业的外部融资需求，且成本也会较低。其次，在股权融资方面，由于部分国有企业的盈利性较差，甚至靠获取政府补贴扭亏，导致资本市场上的大多数股票投资者对国有企业的盈利性预期较低，进而增加了国有企业股权融资的难度和股权融资成本。

6.6　稳健性分析

（1）相关事件（比如 2012 年和 2014 年财政部两次大规模修订会计准则）

将会对财务报告可比性的估计产生一定程度的影响，但是这些变化对公允价值计量属性相对于历史成本计量属性的变化并未产生质的变化，且会计信息可比性降低企业融资成本的影响机制也依然未发生变化。当我们把样本数据拓展到 2016 年后（由于股权融资成本计算要用到后三年数据，其回归数据为 2005～2013 年），得到的回归结果如表 6.6 和表 6.7 所示。根据回归结果可知，长期执行偏弹性的公允价值准则后，准则弹性（Flexibility）与企业债务融资成本（DF）依然显著正相关，与企业股权融资成本（RE）却变为显著负相关，这说明银行等债权人相对于股票市场投资者更为谨慎，对偏弹性准则可能导致的企业非理性行为等更为厌恶。根据表 6.6 和表 6.7 的回归结果可知，准则弹性可以通过提高会计信息可比性而降低企业的融资成本，即上述结论依然成立。这表明公允价值计量属性替代历史成本计量属性所导致的准则弹性增加，不管是在政策执行的短期内还是长期内均能够提高企业会计信息可比性，进而降低企业的融资成本。

表 6.6 准则弹性、会计信息可比性与债务融资成本

变量	回归方程（6.1）		回归方程（6.2）		回归方程（6.3）	
因变量	DF_{it+1}	系数	$CompAcct_{it}$	系数	DF_{it+1}	系数
自变量	$Flexibility_{it}$	0.0310 * (1.7600)	$Flexibility_{it}$	0.0165 *** (2.8700)	$Flexibility_{it}$	0.0303 * (1.7200)
					$CompAcct_{it}$	−0.0274 * (−1.7700)
控制变量	$Return_{it}$	0.0026 (1.5600)	B/M_{it}	0.0027 *** (4.1200)	$Return_{it}$	0.0004 (0.4100)
	CR_{it}	−0.0339 *** (−3.3900)	$Size_{it}$	0.0039 *** (7.1000)	CR_{it}	−0.0031 *** (−3.0800)
	ER_{it}	−0.0005 (−0.4200)	Lev_{it}	−0.0491 *** (−11.8400)	ER_{it}	−0.0001 (−0.0500)
	Fix_{it}	−0.0024 (−0.4100)	ROA_{it}	−0.0167 (−1.0500)	Fix_{it}	−0.0055 (−0.9300)
	IT_{it}	0.0000 (1.1200)	CFO_{it}	−0.0119 * (−1.7600)	IT_{it}	0.0000 (1.1100)

续表

变量	回归方程（6.1）		回归方程（6.2）		回归方程（6.3）	
因变量	DF_{it+1}	系数	$CompAcct_{it}$	系数	DF_{it+1}	系数
控制变量	CTR_{it}	0.0049 (0.5400)			CTR_{it}	-0.0009 (-0.1000)
	$Growth_{it}$	-0.0019 (-0.7900)			$Growth_{it}$	-0.0011 (-0.4700)
	Lev_{it}	0.0078 (0.8200)			Lev_{it}	0.0148 (0.1600)
	$Size_{it}$	-0.0059*** (-7.8800)			$Size_{it}$	-0.0048*** (-6.6100)
	IMP_{it}	-0.0000 (-0.8500)			IMP_{it}	-0.0000 (-0.8500)
	ROA_{it}	-0.0030 (-0.1200)			ROA_{it}	-0.0068 (-0.2800)
	$State_{it}$	-0.0037** (-2.2900)			$State_{it}$	-0.0051** (-2.3100)
	CFO_{it}	0.0071 (0.4100)			CFO_{it}	0.0218** (2.0300)
	Constant	0.1934 (11.5800)	Constant	-0.1011*** (-9.1600)	Constant	0.1732*** (10.6000)
	行业	控制	行业	控制	行业	控制
R^2	0.0545		0.0940		0.0589	
N	5735		10503		5735	

注：（）内为回归系数的 T 值，*、**、***分别表示在10%、5%、1%水平上显著。

表6.7　　　　准则弹性、会计信息可比性与股权融资成本

变量	回归方程（6.4）		回归方程（6.5）		回归方程（6.6）	
因变量	RE_{it}	系数	$CompAcct_{it}$	系数	RE_{it}	系数
自变量	$Flexibility_{it}$	-0.0124** (-2.0700)	$Flexibility_{it}$	0.0165*** (2.8700)	$Flexibility_{it}$	-0.0121** (2.0400)
					$CompAcct_{it}$	-0.0122** (-1.9800)

续表

变量	回归方程（6.4）		回归方程（6.5）		回归方程（6.6）	
因变量	RE_{it}	系数	$CompAcct_{it}$	系数	RE_{it}	系数
控制变量	Fix_{it}	0.0037 ** （2.1500）	B/M_{it}	0.0027 *** （4.1200）	Fix_{it}	0.0037 ** （2.1400）
	$Growth_{it}$	− 0.0020 *** （− 2.9100）	$Size_{it}$	0.0039 *** （7.1000）	$Growth_{it}$	− 0.0020 *** （− 2.8900）
	Lev_{it}	− 0.0078 *** （− 4.6300）	Lev_{it}	− 0.0491 *** （− 11.8400）	Lev_{it}	− 0.0084 *** （− 4.8900）
	$Size_{it}$	0.0049 *** （20.0600）	ROA_{it}	− 0.0167 （− 1.0500）	$Size_{it}$	0.0050 *** （20.1600）
	IMP_{it}	0.0000 *** （3.0000）	CFO_{it}	− 0.0119 * （− 1.7600）	IMP_{it}	0.0000 *** （3.0400）
	ROA_{it}	− 0.0074 （1.2600）			ROA_{it}	− 0.0078 （− 1.3300）
	CFO_{it}	0.0191 *** （5.9400）			CFO_{it}	0.0189 *** （5.8900）
	$State_{it}$	0.0022 *** （3.8700）			$State_{it}$	0.0022 *** （3.9500）
	$Constant$	− 0.0852 *** （− 16.1400）	$Constant$	− 0.1011 *** （− 9.1600）	$Constant$	− 0.0939 *** （− 17.7600）
	行业	控制	行业	控制	行业	控制
R^2	0.2262		0.0940		0.2267	
N	6079		10503		6079	

注：（ ）内为回归系数的 T 值，*、**、*** 分别表示在 10%、5%、1% 水平上显著。

（2）本书利用 2003 ~ 2006 年的半年度数据估计 2006 年（准则趋同前）的财务报告可比性，用对称的时间段 2007 ~ 2010 年、2008 ~ 2011 年的半年度数据估计出 2010 年、2011 年（准则趋同后）的财务报告可比性，本书结论并不会发生变化。

（3）由于本书在测算会计信息可比性后对数值有不同的选取方式，但是在上述检验里面，我们是用企业与该行业内其他每一家企业之间的会计信息可比性的平均值，在这里将其分别替换为企业与该行业内其他每一家企业之间的会计信息可比性的均值、中位数，来分别作为该企业的会计信息可比性，然后分别重新进行回归，各个模型的回归结果未发生实质性变化。所以会计信息可比性取值方法的不同不影响本章结论的稳健性。

6.7　本章小结

本章以我国 A 股 2005 ~ 2011 年的上市公司为样本，实证研究发现：第一，准则弹性越大，企业的债务融资成本越高，这是因为以公允价值来计量资产与负债，相对于历史成本，公允价值计量属性更偏向原则导向。原则式准则的基本特性，就是在会计处理的过程中，需要较多的专业判断，因此如果以会计数字作为制定债务契约的基础，则未来订约双方对于会计确认与计量很容易产生认知不一致的情况。此外，如果公允价值的计量存在较不客观的情况，就很容易产生偏误或错误。因此，在签订债务契约时，会降低使用以会计数字为基础的债务条款的动机，并且债权人会提高资金报酬率，从而提高企业的融资成本。但是我们最为关注的是受到准则弹性影响越大的企业，其会计信息可比性越高，最终会计准则弹性增加通过提高企业会计信息可比性在整体上降低了企业的融资成本。第二，准则弹性越大，企业的股权融资成本越高，这是由于面对大量的公允价值来计量资产与负债，扩大了准则弹性，有可能带来一定程度的盈余管理。另外，投资者会考虑到原则式准则的基本特性，就是在会计处理的过程中需要较多的专业判断，最终降低会计信息的可靠性，会降低投资者的信心，提升股权融资成本。但是，不容置疑的是，公允价值运用等原则导向的会计准则虽然导致了准则弹性增加，增加了资本成本，但是，该准则弹性的增加也提升了企业的会计信息可比性，而会计信息可比性的提高可以大大降低资本成本，并且完全抵消掉准则弹性带来的资本成本的增加。

在此背景下，在相关学者已有研究的基础上，本章的主要目的是验证会计信息可比性在准则弹性与债务（股权）融资成本之间的中介效应是否成立，即准则弹性先通过提升会计信息可比性，进而降低企业的债务（股权）融资成本。本章研究贡献包括三个方面：（1）以往研究关于会计准则弹性的实证研究尚不多见，大多集中在文字性的描述和分析，并未直接衡量准则弹性变化（历史成本计量属性转为公允价值计量属性）对每一家企业债务（股权）融资成本的影响；而本章采用会计准则变更这一个外生事件，直接研究会计准则弹性变化的经济后果，特别是会计信息可比性在准则弹性与企业融资成本之间发挥的中介传导效应，这为会计准则变更的经济后果提供了新的经验证据，丰富了该领域的研究成果。（2）以往的研究多认为，单纯的准则弹性的增加，或者公允价值的运用，会导致会计稳健性降低，提高企业的债务（股权）融资成本；而本章的研究则是一方面验证了以往研究观点，另一方面，发现会计准则弹性的适当增加，特别是公允价值的运用，可以提升会计信息可比性，进而降低企业的债务融资成本和股权融资成本。（3）本章为企业降低融资成本的途径提供了一种新的思路，有助于我们更好地理解中国资本市场的资本配置行为，以及更好地分析会计准则弹性和会计信息可比性在资本市场有效性中的作用，对企业也具有一定的借鉴意义。

第 7 章
研究结论与展望

7.1   研究结论

2006 年新准则的颁布标志着我国会计准则在向国际会计准则趋同方面迈进了一大步，而这种巨大的变革也使中国企业尤其是上市公司的会计信息质量有较大的提升。由此本书探究，会计准则变更后会计准则弹性变化是否会提高企业的会计信息可比性，并通过会计信息可比性影响企业的资本成本。经实证检验，我们得出以下三点研究结论。

（1）会计准则弹性增加可以提升企业的会计信息可比性。2006 年财政部颁布了新会计准则，并于 2007 年开始大范围执行和推广。这部新颁布的会计准则的最大特点是与国际会计准则保持了基本趋同，同时会计准则由规则导向变为原则导向，特别是公允价值计量属性的运用，取代了部分历史成本计量属性，使得该部分的准则弹性增加。根据本书第 4 章的实证结论，可知该准则弹性的增加，提升了企业的会计信息可比性。另外，我们还考察了企业自身的特征以及外部制度环境对该实证结论的调节作用。首先，我们按会计信息提供者是否具有盈余管理动机进行了分组检验，发现当企业执行准则弹性较大时，具有盈余管理动机的企业，并没有显著提升其会计信息可比性，而不具有盈余管理动机的企业，其会计信息的可比性得到了较大提升。其次，我们按企业经济业务复杂度进行了分组，发现在企业经济业务复杂的情况下，较高的经济业务复杂性与偏弹性的准则更为匹配，即相对于经济业务简单的企业，准则弹性的增加更能提升经济业务复杂企业的会计信息可比性。最后，我们按企业所在地区的法律制度环境水平高低进行了分组，发现公允价值计量属性取代部分历史成本计量属性这一准则政策变化对会计信息可比性的影响效果是有所差异的。研究发现，公允价值准则运用引起的弹性变化更能提升制度环境较好地区企业的会计信息可比性。

（2）会计信息可比性的增加降低了企业的债务融资成本和股权融资成本。首先，在第5章中，为了进一步探究会计信息可比性与企业债务融资的关系是否受到其他因素的影响，我们还考虑了贷款违约预测可能产生的影响。经研究发现，当企业存在较大违约风险时，银行等发放贷款单位将会更加重视会计信息可比性。也就是说，即便企业存在的债务违约风险偏高，会计信息可比性较高的企业其债务融资成本依然较低。其次，为了进一步探究会计信息可比性对企业股权融资的影响是否受到其他因素的调节作用，我们还考虑了股价崩盘风险这一影响因素。经分组回归发现，在不同程度股价崩盘风险下，会计信息可比性对企业股权融资成本的影响是有所差异的。也就是说，随着股价崩盘风险的提高，会计信息可比性对企业股权融资成本的负相关关系会减弱；随着股价崩盘风险的降低，会计信息可比性对企业股权融资成本的负相关关系会加强。最后，我们考虑了分析师预测精确度对企业债务融资成本和股权融资成本的影响。研究发现，具有解读和分析企业会计信息能力的分析师，面对较高会计信息可比性的企业，其分析预测精确度越高，企业的会计信息透明度就越高，债权人、投资者与企业之间的会计信息不对称就会得到进一步的降低，并导致相应的债务融资成本和股权融资成本均有所下降。

（3）准则弹性增加通过提高企业的会计信息可比性在整体上降低了企业

的融资成本，即会计信息可比性在准则弹性与企业融资成本之间发挥着中介效应。第6章在上述验证准则弹性提高企业会计信息可比性和会计信息可比性降低企业融资成本的基础上，通过进一步研究发现，准则弹性会对企业债务融资成本和股权融资成本产生影响，即准则弹性变大的时候，企业的债务融资成本和股权融资成本都会有所提高。这可能是由于随着准则弹性的增加，留给企业的盈余管理空间也随之增大，银行等债权人和股东（或投资者）考虑到企业会计信息质量的可靠性和所面临的风险，会提高相应的资金回报率，增加了企业的融资成本。此外，我们同时考虑准则弹性和会计信息可比性对企业债务（股权）融资成本的影响时，发现准则弹性通过提高会计信息可比性而间接地降低企业债务（股权）融资成本，即会计信息可比性在准则弹性与企业融资成本之间发挥着中介效应。

虽然新会计准则的推进在一定程度上给企业带来了负面冲击，但追求价值最大化的企业会不断改善其会计信息可比性，并最终能降低企业的融资成本。这说明我国会计准则在保护投资者合法权益的同时，企业通过理性地运用会计准则也能改善会计信息质量，最终能够实现企业与投资者之间"双赢"的和谐局面，实现了会计准则变更的宗旨。然而，本书并不是要准则弹性的程度越高越好，而是期望揭示在我国会计准则向国际会计准则趋同的背景下，会计准则弹性变化与企业会计信息质量和融资成本存在的客观规律。

7.2　研究启示

7.2.1　平衡会计准则弹性，提高会计信息质量

本书以2006年会计准则变更为切入点，然后合理地引出准则弹性变化，

并考察其对企业会计信息可比性的影响。其中，准则弹性是指企业处理其发生的经济业务时所能选择的会计政策空间大小。根据研究结论可知，会计准则弹性的适当增加可以提升同行业之间企业的会计信息可比性。所以，本书认为，偏弹性的会计准则更符合当下企业经济业务的处理需求，企业披露出的会计信息更能反映其真实的经济状况，即会计信息质量更高（可比性更强）。由于各企业之间的经济业务是有所差异的，这就必然要求会计准则要存在适当的弹性。又因会计准则是企业经营者依法生产和提供会计信息的标准，为了满足经营者灵活运用会计准则以实现自己期望的方式来加工和处理会计信息，那么准则自然就被赋予了弹性特征（胡成，2009），以便更好地满足企业所需。但是会计准则弹性大小到底应该如何平衡呢？本书认为，在准则制定和变更过程中，财务会计准则委员会可以针对当今时代背景，在准则修订过程中把控会计准则的弹性程度，在原则导向和规则导向之间找到一个最佳平衡点，才能更好地提升企业会计信息的可比性。这是由于准则的制定既要考虑到经济业务复杂的这类公司使用者"多多益善"的心理需求，又要考虑到业务简单的这类公司使用者"准则超载"的现实问题，从而制定出更为合适目前企业现状的企业会计准则。如果在过于偏刚性的会计准则下，企业依旧可以通过设计形式重于实质的经济交易来迎合会计准则弹性空间的边界，即没有完全有效的准则可以从根本上限制经营者通过人为改变经济事项以此符合现行会计准则的行为。偏刚性的会计准则也未能完全约束那些表面上符合会计准则的要求，实质上却促使管理者发生那些违反了交易本质的非理性行为。比如，通过人为构造满足会计准则特定要求的交易事项，实质上是为实现经营者自身特定财务报告目标而设计的交易事项。因而，偏弹性的会计准则不一定会引发企业的盈余管理行为，偏刚性的会计准则也不一定就可以阻止企业的非理性行为，只有更符合时代经济业务特征的会计准则弹性，才是最为合适的。

另外，准则制定者在制定会计准则时，主要是想制定出一种纯客观的技术手段或一种约束规范；准则执行人在使用会计准则时，通常是想把企业发生的经济业务加工成为管理层所要求的会计信息。因此，准则制定者与准则执行人之间不存在共同的目标，甚至两者之间在不断地进行"博弈"。这就会使得准则制定者的出发点与准则执行人的经济后果存在差异，影响企业会计信息在同行业中的可比性。我们建议，在准则修订过程中，要尽可能地完善诱致企业盈余管理的部分会计准则，并适当堵塞利用准则空间调节盈余的通道，降低管理人员存在机会主义和逆向选择的可能性。这是因为好的会计准则设计，能够通过改变企业管理人员的动机、态度和期许，将企业财务决策引向实现企业价值最大化的轨道（张先治等，2013）。也就是说，虽然会计准则并非为了防止盈余管理而制定，但是我们可以制定出防范相关盈余管理行为的最优会计制度设计，把会计准则弹性保持在一个更为平衡的"支点"上，为产生更高质量的会计信息提供技术上的可能。因此，除了要加强会计准则执行过程中的监督力度，还要重点平衡会计准则的弹性大小与当代企业经济业务的匹配程度。因为只有在两者能完美匹配的情况下，企业才能生产出更高质量的会计信息，此时的会计准则才可以称得上高质量的会计准则。总之，在会计准则制定过程中，需要进一步把握好会计准则弹性大小的"均衡"。本书建议会计准则和会计制度设计部门，应加快搜集和总结当前准则弹性各空间大小，以及与具体会计操作实务的匹配性，经归纳后科学制定出相应的具体会计准则应用指南，以利于会计实务工作者统一规范地利用准则弹性，促进财务会计信息质量的进一步提升。总之，平衡会计准则弹性，提高会计信息质量是一项亟待完成的任务。

7.2.2　实现准则改革目标，提高资源配置效率

本书进一步考察了会计信息可比性与企业融资成本之间的关系。根据研究结论可知，会计信息可比性的提高可以降低企业的资本成本。可比性一直被视作提高会计信息决策有用性的四个优化、增进质量特征之首。提高会计信息可比性是现代会计准则改革的首要目标，是提高资本市场资源配置效率

的有效捷径。虽然准则改革的目标是要确保准则中的要求实现可比性，但不幸的是，准则制定进展缓慢，导致了财务报告的逐步演变（Barth et al.，2013）。目前如何推进该改革目标的实现有着重大的现实意义。因为会计信息可比性表现为同一年度、同一行业中，针对相同或相似的经济业务，不同企业间的会计系统所生成的会计信息具有相似性；而当经济业务不同时，财务报表也能充分反映其差异。根据上述会计信息可比性的表现可知，会计信息可比性有利于使用者对不同公司的财务状况、经营成果及现金流量进行比较和鉴别。因为在公司与公司之间有相同经济业务时，使用口径相同的会计处理方式，运用可比性测度方法对企业之间进行测度比较，能更为精确地估算出企业之间的差异程度，这也为企业投资者提供了参考依据。通常投资者可以通过企业的会计信息可比性的测度，帮助其快速、准确识别和比较不同会计主体之间财务状况、经营成果和未来前景的差异，就各类经济决策行为做出正确选择，从而提高投资效率。另外，可比性可以降低投资者获取和处理信息的成本，进而提高信息传递的速度和效率，对资本市场的资源配置效率的提升发挥着重要作用。总而言之，本书认为，可比性目标的实现取决于财务报告准则的制定和应用，特别是准则中有关计量的弹性空间大小，有助于贷款人和其他债权人以及投资者做出最优的资本配置决策，有助于实现准则改革目标。

7.2.3 未来修订会计准则，重点关注经济后果

本书最后考察了会计准则弹性与企业融资成本之间的关系，特别是会计信息可比性在准则弹性与融资成本之间的中介效应。根据研究结论可知，偏弹性准则增加了企业的融资成本，但是其可以通过提高企业的会计信息可比性从而在整体上降低企业的融资成本。每次新会计准则的颁布必然伴随着一定的经济后果。会计准则最为直观的经济后果是各种财富的转移，是企业产生的利益在不同社会利益集团之间的重新分割，主要体现为会计报告对投资

人、债权人、政府、企业、工会决策行为的干预。从客观上讲，会计准则只是企业进行会计核算工作的一种技术手段，把企业经济业务加工成会计报表上的数字，不同弹性的会计准则也必然加工成不同数字的会计信息，进而决定了公司的价值，最终会影响证券定价，影响投资人等其他人的财富分配结果（刘东辉，2010）。我们沿着"会计理论—财务会计概念框架—会计准则—会计实务—会计信息"这一流程分析，就会发现会计准则仅直接作用于会计实务，但是会最终关系到会计信息质量的好坏（刘晓华，2011；赵耀等，2014），由此可以推断出会计准则弹性的高低在很大程度上影响和制约着会计信息质量。假设资本市场是有效的，由会计准则变化导致的会计信息质量的变化，同时在资本市场上也会表现出一定的经济后果，其中便能改变会计信息使用者的决策，比如潜在的债权人、投资者对企业发展的预期，进而导致债权人或者股东所求的资金报酬率的变化，最终引起上市公司资本成本的变化。

会计准则是市场经济的重要规则。在新经济、新业务、新模式等不断涌现时，会计准则也需要不断地变更和发展。根据制度经济学理论，制度是一个不断演进和变迁的过程；制度相对于经济现象总是滞后的；制度的完善过程是一个对客观事物的认识不断深化的过程（李玉环，2011）。我们认为，未来我国需要创造一个既坚持中国特色又与国际准则趋同的会计准则制定模式，建立一个既能让国人认可又能使国际认同的准则趋同平台（刘东辉，2010）。未来制定出的会计准则，首先要保证会计准则是一种技术性的规范手段，其次还要满足各类企业的需要和适当地约束企业的盈余管理行为，最终使披露出的会计信息与发生的经济业务达到科学、合理、内在一致，在提升会计信息可比性的基础上，降低企业的资本成本，达到会计准则"经济后果"的帕累托最优。本书认为，未来会计准则改革需要把握更多会计规律，既能满足当时企业经济业务处理的需求，又能使财富合理分配。总之，具有良好的经济后果的会计准则才是未来会计准则改革的重点。

7.3　政策建议

7.3.1　提升地区制度环境，督促公允价值运用

2006 年颁布的新准则标志着我国会计准则在向国际会计准则趋同方面迈进了一大步，而这种巨大的变革也使中国企业尤其是上市公司面临着挑战。由于影响会计准则执行的因素错综复杂，既包括准则本身的制定与解释、执行准则的制度环境，也包括公司特征及治理层面的因素，其中，制度环境作为影响准则执行的外部因素，应当引起充分的重视。我国区域经济发展存在较大的不平衡性，各地区的制度环境也存在较大的差异（姜英兵和严婷，2012）。各地区的法律制度环境不仅包括法律执行的效率和市场中介组织的发展，更重要的体现在法律对投资者等利益相关者权利的保护上，从而准则弹性变化后的新会计准则在各地的执行效果产生不同的影响。根据前文结果，本书认为，我国的各地区法律制度环境有待进一步提高。这是由于提升法律制度环境有助于外部投资者对企业管理层施加更大的压力，缓解委托代理问题，企业管理层有更充分的动机去提供更具有可比性、质量更高的会计信息，从而提升投资者的投资信心，同时降低企业的资本成本。

新会计准则中开始全面、适当、谨慎地引入公允价值计量，表明我国在会计目标已经由受托责任观转向为会计信息使用者提供决策服务的决策有用观。这种目标转变是随着资本市场在国民经济中地位提高而发生的，同时也是会计信息能在资本市场发展中更好地发挥其基础设施作用的重要标志。虽然 2008 年全球金融危机的爆发使有关公允价值运用的反对声此起彼伏，但是国际会计界通过调查和深入研究发现，公允价值计量可能对危

机的爆发产生过推波助澜的负面作用，实际上并不是导致危机产生的根源，运用公允价值计量仍是必然趋势（刘思淼，2009）。故本书以公允价值计量属性替代部分历史成本计量属性为代表，分析了准则弹性变化对企业会计信息可比性以及资本成本的作用机制。从研究结论分析，对于监管者和政策制定者来说，公允价值在一定程度上提升了我国会计准则的整体弹性，提升了会计信息可比性，并降低了企业的资本成本，但是如何使公允价值计量模式在中国得到有效的执行，不给管理者提供一个盈余管理的动机，也是一个关键问题。比如，财政部需要继续修订与完善公允价值准则，补充非活跃市场下公允价值计量的具体操作指南；相关部门要采取更有效的措施来加强信息披露的监管，增加公允价值的信息披露详细度，降低会计信息不对称，提高投资者用于决策的信息质量和各类使用者对公允价值信息的理解与运用程度；企业需要建立有效的公司治理，减少通过公允价值而进行的盈余管理活动；政府需要完善相关外部评估机构监管机制，同时鼓励企业与这类权威的外部评估机构合作，以提高公允价值计量的运用，使公允价值能够更加准确地反映经济情况；重视会计及相关人员的专业素养，加大培训与普及的力度（郭均英等，2015）。

7.3.2 改进债务融资契约，改善股权融资机制

签订债务契约的合同双方往往是企业和银行。一般而言，企业借债的目的是满足投资和企业发展的资金需求，从外部渠道寻求内源资金无法满足的缺口；作为债权人的银行将资金借给企业是为了获取与风险相对应的资金成本。在2006年颁布新会计准则后，包含公允价值计量属性在内的部分会计准则弹性增加。自2007年以来，我国上市公司年度财务报表所提供的会计信息包含了公允价值计量部分。从公允价值特征来分析，公允价值变动损益的增加能够显著提高银行对企业的放贷金额，同时亦能够明显降低银行对企业的放贷利率。所以，公允价值计量的本质是更加真实地反映

企业的价值和风险，为缔约双方提供了高质量的财务信息，促使企业和银行之间缔结公平合理的债务契约，体现了公允价值会计信息的债务契约有用性。但是我国资本市场不够发达，当一些资产或负债并不存在活跃的交易市场时，公允价值的科学计量成为一个难题，尚缺乏具体会计准则的指导；此外，在实际运用过程中，某些会计准则弹性变大初衷是为了更好地满足企业处理经济业务的需求，但是这些富有弹性的准则却往往成为管理层对相关会计政策选择和操控的工具。比如，公允价值"持有收益"的未实现性和暂时性，往往会使契约相关利益者做出不理性的决策。所以，本书认为，应该进一步改进债务融资契约，在债务契约中应该加入一些条款，例如"被发现利用准则弹性进行不恰当账务处理的公司信用评价下降"。

从理论上分析，企业披露会计信息可比性越高，企业与投资人之间的信息不对称程度就越低，信息使用者的信息风险也随之下降，对证券市场的有效运行和保证投资者利益都起着至关重要的作用，从而投资人可能降低其要求的投资回报，最终使得权益资本成本降低。根据本书的验证，大幅度地引入公允价值计量属性，准则弹性由此增大，提升了会计信息可比性，进而降低了企业的股权融资成本。但是值得注意的是，公允价值计量属性的引入，由收入费用观全面转向资产负债观，为会计职业判断和自由选择权提供了更大的空间，因而造成实质的会计信息质量可靠性有所降低。因此，本书认为，在企业进行股权融资过程中，对借用准则弹性空间操纵会计信息的企业或者会计信息可比性较低的企业，投资者应该保持谨慎，证券监管方应该对其再融资资格进行审核，保障会计信息的真实可靠。总之，为了保障我国证券市场健康发展，保障企业以合理成本获得融资进行投资，国家相关部门应加快建立良好的机制，加强对企业会计信息质量的监督与管理，特别是应该宣传和引导企业加强自身建设，完善内部控制机制，提高企业会计信息可靠性与可比性。

7.4　研究局限与展望

会计准则变更后，整体的会计准则由规则导向转为原则导向，会计准则弹性增加，且以公允价值计量属性的运用为例进行了实证分析。根据分析结果本书认为，会计准则弹性在某些特定条件下可能导致企业融资成本的提升，但是其最终可以通过提升企业的横向会计信息可比性，缓解债权人或者投资者和企业之间的信息不对称性，而降低企业的资本成本，即本书验证的中介效应。

7.4.1　研究局限

由于主观和客观条件的限制，本书难免存在不足之处，具体表现在：（1）研究实证检验只是以公允价值计量属性的运用为例，并未检验其他准则弹性的增加是否能带来同样的效应。（2）本书研究的一大前提是，债权人和投资者能够捕捉到企业会计信息可比性增加情况，即充分市场有效。若该假设不成立，则研究结论可能发生变化。（3）本书实证检验只是沿着"准则弹性增加—会计信息可比性提高—融资成本降低"这一逻辑思路进行分析，并未检验准则弹性增加对会计信息稳健性、可靠性等其他特征的检验，也就是说对会计准则弹性的总体影响并未深入探究。

7.4.2　研究展望

在接下来的研究中，我们首先要继续寻找和开发更加适用的实证研究方法，拟尝试定量地计算出会计准则的整体弹性，并在整体上把握会计准则变更产生的多维度影响。其次，我们可以尝试准则弹性通过趋同渠道对微观企业产生的其他影响和机制分析。再次，我们可以通过使用企业调查数据，考察准则弹性增加对企业会计政策选择、企业审计报告质量等方面的影响。最后，本书研究发现从公司信息到会计信息使用者的传递过程中，中间离不开各个市场参与者的作用，其中就包括审计师，所以在接下来的研究，我们计划通过研究审计质量，来探究他们是否能够提前获悉受准则弹性影响较大公司的公司治理情况，并将这些信息变为审计报告反馈给债权人或者股东。

参 考 文 献

［1］Mary E. Barth，李英，叶康涛．2013．财务报告的全球可比性——是什么、为什么、如何做以及何时实现［J］．会计研究，(5)：3－10，95.

［2］陈晓，单鑫．1999．债务融资是否会增加上市企业的融资成本？［J］．经济研究，(9)：39－46，80.

［3］陈信元，何贤杰，田野．2011．新会计准则研究：分析框架与综述［J］．中国会计评论，9 (2)：141－158.

［4］陈汉文，周中胜．2014．内部控制质量与企业债务融资成本［J］．南开管理评论，(3)：103－111.

［5］财政部．2006．企业会计准则［M］．北京：经济科学出版社.

［6］曹书军，刘星，杨晋渝．2012．审计质量特征、客户规模与公司权益资本成本［J］．中国软科学，(8)：117－124.

［7］戴德明．2019．妥善应对国际会计准则的复杂化［J］．财务与会计，(6)：5－8.

［8］樊纲，王小鲁，朱恒鹏．2014．中国市场化指数［M］．北京：中国铁道出版社.

［9］范少君．2015．会计信息可比性及其经济后果研究［D］．北京：中央财经大学.

［10］范宗辉，王静静．2010．证券分析师跟踪：决定因素与经济后果［J］．上海立信会计学院学报 (1)：61－69.

［11］方军雄．2007．我国上市公司信息披露透明度与证券分析师预测

[J]．金融研究，（6）：136－148．

[12] 方红星，张勇，王平．2017．法制环境、供应链集中度与企业会计信息可比性 [J]．会计研究，（7）：33－40，96．

[13] 葛家澍，王亚男．2011．论会计信息的可理解性——国际比较、影响因素与对策 [J]．厦门大学学报（哲学社会科学版），（5）：26－33．

[14] 高芳，傅仁辉．2012．会计准则改革、股票流动性与权益资本成本——来自中国 A 股上市公司的经验证据 [J]．中国管理科学，（4）：27－36．

[15] 高利芳，曲晓辉．2011．会计准则执行的理论解释：整合与建构 [J]．当代财经，（4）：102－109．

[16] 官义飞．2010．分析师跟踪、信息不对称与公司融资——基于中国资本市场的经验证据 [D]．成都：西南财经大学．

[17] 郭均英，刘慕岚，吴思原．2015．新会计准则下公允价值计量的层次问题研究 [J]．武汉大学学报（哲学社会科学版），（7）：129－133．

[18] 关思宁．2014．会计信息可比性对企业权益及债务资本成本的影响研究 [D]．沈阳：东北大学．

[19] 胥朝阳，刘睿智．2014．提高会计信息可比性能抑制盈余管理吗？[J]．会计研究，（7）：50－57．

[20] 韩国栋．2013．浅议会计信息可比性 [J]．会计师，（3）：13－14．

[21] 洪剑峭，娄贺统．2004．会计准则导向和会计监管的一个经济博弈分析 [J]．会计研究，（1）：28－32．

[22] 胡成．2008．会计准则弹性的影响：综述与评析 [J]．石家庄经济学院学报，（3）：68－73．

[23] 胡成．2009．会计准则弹性的本质透视 [J]．广西财经学院学报，（6）：80－83．

[24] 胡成．2011．论会计准则弹性域内机会主义行为的防范 [J]．广西经济管理干部学院学报，（1）：56－60．

[25] 江轩宇．2015．会计信息可比性与股价崩盘风险 [J]．投资研究，

（12）：97 - 111.

[26] 姜国华，饶品贵. 2011. 宏观经济政策与微观企业行为——拓展会计与财务研究新领域 [J]. 会计研究，（3）：9 - 18, 94.

[27] 姜付秀，支晓强，张敏. 2008. 投资者利益保护与股权融资成本——以中国上市公司为例的研究. 管理世界，（2）：117 - 125.

[28] 姜英兵，严婷. 2012. 制度环境对会计准则执行的影响研究 [J]. 会计研究，（4）：69 - 78, 95.

[29] 蒋琰. 2009. 权益成本、债务成本与公司治理：影响差异性研究 [J]. 管理世界，（11）：144 - 155.

[30] 蒋琰，陆正飞. 2009. 公司治理与股权融资成本——单一与综合机制的治理效应研究 [J]. 数量经济技术经济研究，（2）：60 - 75.

[31] 金智. 2010. 新会计准则、会计信息质量与股价同步性 [J]. 会计研究，（7）：19 - 26, 95.

[32] 雷光勇，王文，金鑫. 2012. 公司治理质量、投资者信心与股票收益 [J]. 会计研究，（2）：79 - 86, 97.

[33] 李鹏，李晓东，陈希晖. 2014. 强制采用 IFRS 对公司价值、股票流动性与分析师信息环境的影响——基于会计信息可比性视角 [J]. 山西财经大学学报，（2）：104 - 112.

[34] 李刚，刘浩，徐华新，孙铮. 2011. 原则导向、隐性知识与会计准则的有效执行 [J]. 会计研究，（6）：17 - 24, 95.

[35] 李刚，陈利军，刘国栋. 2015. 会计信息可比性与债务融资——基于中国上市公司的实证分析 [J]. 中国注册会计师，（3）：68 - 74.

[36] 李广子，刘力. 2009. 债务融资成本与民营信贷歧视 [J]. 金融研究，（12）：137 - 150.

[37] 李玉环. 2011. 我国会计准则制定导向研究 [J]. 北京工商大学学报（社会科学版），26（3）：1 - 6.

[38] 梁权熙，曾海舰. 2016. 独立董事制度改革、独立董事的独立性与

股价崩盘风险 [J]. 管理世界, (3): 144 – 159.

[39] 刘东辉. 2010. 企业会计准则执行经济后果问题研究 [J]. 经济问题探索, (11): 65 – 70.

[40] 刘峰, 李少波. 2009. 会计理论研究对我国会计准则制订的影响 [J]. 当代财经, (6): 70 – 72.

[41] 刘峰, 林卉. 2012. 国际会计准则: "会计" 还是 "准则" [J]. 厦门大学学报 (哲学社会科学版), (6): 10 – 20.

[42] 刘浩, 孙铮. 2005. 会计准则的产生与制定权归属的经济学解释——来自企业所有权理论的观点 [J]. 会计研究, (12): 3 – 8, 95.

[43] 刘浩, 孙铮. 2008. 公允价值的目标论与契约研究导向——兼以上市公司首次确认辞退补偿为例 [J]. 会计研究, (1): 4 – 11, 96.

[44] 刘思淼. 2009. 公允价值计量的发展与监管启示 [J]. 会计研究, (8): 21 – 23.

[45] 刘晓华. 2011. 会计准则国际趋同的经济后果 [J]. 财会通讯, (5): 3 – 8.

[46] 刘玉廷, 王鹏, 薛杰. 2010. 企业会计准则实施的经济效果——基于上市公司 2009 年年度财务报告的分析 [J]. 会计研究, (6): 3 – 12.

[47] 刘媛媛, 刘斌, 罗楠. 2013. 盈余储备、违约预测与债务契约的有效性——来自我国房地产上市公司 1995 ~ 2010 年的经验证据 [J]. 预测, (1): 12 – 16, 30.

[48] 廖理, 朱正芹. 2003. 中国上市公司股权融资与债务融资成本实证研究 [J]. 中国工业经济, (6): 63 – 69.

[49] 罗楠. 2013. 公允价值会计信息的契约有用性研究 [D]. 重庆: 重庆大学.

[50] 罗婷, 薛健, 张海燕. 2008. 解析新会计准则对会计信息价值相关性的影响 [J]. 中国会计评论, (2): 129 – 140.

[51] 孟凡利. 2005. 论财务会计中的可比性 [J]. 山东经济, (1):

85 – 88.

[52] 潘临，朱云逸，游宇. 2017. 环境不确定性、内部控制质量与会计信息可比性 [J]. 南京审计大学学报，(5)：78 – 88.

[53] 孙光国，邵宾. 2013. 会计准则变迁的诱因、动力与路径：近20年来三次重大会计准则变迁的分析 [J]. 财政研究，(5)：75 – 78.

[54] 万鹏，陈翔宇. 2017. 准则趋同、可比性与业绩预告乐观偏差 [J]. 中南财经政法大学学报，(5)：13 – 22, 158.

[55] 王海. 2007. 公允价值的演进逻辑与经济后果研究 [J]. 会计研究，(8)：6 – 12, 95.

[56] 王琨，徐艳萍，庞家任. 2016. 偿债风险、会计信息质量与企业融资约束 [J]. 投资研究，(1)：61 – 80.

[57] 王跃堂. 2000. 经济后果学说对会计准则制定理论的影响 [J]. 财经研究，(8)：3 – 8.

[58] 汪辉. 2003. 上市公司债务融资、公司治理与市场价值 [J]. 经济研究，(8)：28 – 35.

[59] 汪祥耀，叶正虹. 2011. 执行新会计准则是否降低了股权资本成本——基于我国资本市场的经验证据 [J]. 中国工业经济，(3)：119 – 128.

[60] 韦芝菊. 2005. 企业会计制度弹性与会计职业判断能力的提升 [J]. 华东经济管理，(4)：134 – 135.

[61] 席彦群，赵宏，罗媛媛. 2003. 论寻租理论与会计政策选择 [J]. 管理世界，(5)：139 – 140.

[62] [美] 夏恩·桑德. 2000. 会计与控制理论 [M]. 方红星，译. 大连：东北财经大学出版社.

[63] 肖浩，孔爱国. 2014. 融资融券对股价特质性波动的影响机理研究：基于双重差分模型的检验 [J]. 管理世界，(8)：30 – 43, 187.

[64] 徐海峰. 2015. 会计准则变革对企业高管薪酬的影响研究 [D]. 大连：东北财经大学.

［65］燕玲. 2013. 新会计准则下会计信息质量对债务融资的影响［J］.
中国管理信息化，（3）：15－17.

［66］燕玲. 2014. 会计准则变革对上市公司债务融资成本的影响［J］.
财经问题研究，（11）：87－92.

［67］晏艳阳，刘弢，彭敏. 2008. 信息披露质量对股权融资成本的影响
分析［J］. 证券市场导报，（4）：23－33.

［68］王琨，徐艳萍，庞家任. 2016. 偿债风险、会计信息质量与企业融
资约束［J］. 投资研究，（1）：61－80.

［69］杨棉之，谢婷婷，孙晓莉. 2015. 股价崩盘风险与公司资本成
本——基于中国 A 股上市公司的经验证据［J］. 现代财经（天津财经大学学
报），（12）：41－51.

［70］叶陈刚，王孜，武剑锋，李惠. 2015. 外部治理、环境信息披露与
股权融资成本［J］. 南开管理评论，（5）：85－96.

［71］叶建芳，周兰，李丹蒙，郭琳. 2009. 管理层动机、会计政策选择
与盈余管理——基于新会计准则下上市公司金融资产分类的实证研究［J］.
会计研究，（3）：25－30，94.

［72］叶康涛，陆正飞. 2004. 中国上市公司股权融资成本影响因素分析
［J］. 管理世界，（5）：127－131，142.

［73］易阳，戴丹苗，彭维瀚. 2017. 会计准则趋同、制度环境与财务报
告可比性——基于 A 股与 H 股、港股比较的经验证据［J］. 会计研究，（7）：
25－32，96.

［74］袁知柱，吴珊珊. 2017. 实施新会计准则提升了会计信息可比性
吗？——来自我国上市公司的经验证据［J］. 财会通讯，（9）：13－18.

［75］袁知柱，吴粒. 2012. 会计信息可比性研究评述及未来展望［J］.
会计研究，（9）：9－14，96.

［76］曾富全. 2013. 中国会计准则变迁与会计理念变化［J］. 会计之
友，（8）：18－22.

[77] 曾颖,陆正飞. 2006. 信息披露质量与股权融资成本 [J]. 经济研究,(2):69-79,91.

[78] 张金若,辛清泉,王红阳. 2013. 新会计准则公允价值信息实证文献研究的批判及重新检验 [J]. 会计研究,(4):44-52.

[79] 张水娟. 2009. 信息披露质量对权益资本成本影响的实证研究 [D]. 长沙:湖南大学.

[80] 张先治,傅荣,贾兴飞,晏超. 2014. 会计准则变革对企业理念与行为影响的多视角分析 [J]. 会计研究,(6):31-39,96.

[81] 张先治,项云,晏超. 2015. IFRS 在全球范围内实施的经济后果——基于可比性视角的文献综述 [J]. 会计之友,(10):6-11.

[82] 张先治,于悦. 2013. 会计准则变革、企业财务行为与经济发展的传导效应和循环机理 [J]. 会计研究,(10):3-12,96.

[83] 张良武. 1992. 关于协调国际间会计资料可比性的经济分析 [J]. 会计研究,(2):48-54.

[84] 赵耀,乔贵涛,张健. 2014. 会计准则变迁的经济后果研究——基于信息质量和权益资本成本视角 [J]. 新疆师范大学学报(哲学社会科学版),35(1):111-118.

[85] 赵子夜. 2006. 业务复杂度、股权制衡和独立董事行业监督力 [J]. 经济科学,(5):74-82.

[86] 支晓强,何天芮. 2010. 信息披露质量与权益资本成本 [J]. 中国软科学,(12):125-131.

[87] 祝继高,林安霁,陆正飞. 2011. 会计准则改革、会计利润信息与银行债务契约 [J]. 中国会计评论,(2):159-172.

[88] 周中胜,陈汉文. 2008. 会计信息透明度与资源配置效率 [J]. 会计研究,(12):56-62,94.

[89] 邹海峰,辛清泉,张金若. 2010. 公允价值计量与高管薪酬契约 [J]. 经济科学,(5):102-110.

［90］祝继高，林安霁，陆正飞. 2011. 会计准则改革、会计利润信息与银行债务契约［J］. 中国会计评论，（2）.

［91］O. Ashenfelter, D. Card. 1985. Using the Longitudinal Structure of Earnings to Estimate the Effect of Training Programs［J］. Review of Economics and Statistics, 67 (4): 648 – 660.

［92］Ray Ball. 2006. International Financial Reporting Standards (IFRS): Pros and Cons for Investors［J］. Accounting & Business Research, 36 (1): 5 – 27.

［93］C. Barry, S. Brown. 1985. Differential Information and Security Market Equilibrium［J］. Journal of Financial and Quantitative Analysis, 20 (4): 407 – 422.

［94］M. E. Barth, W. R. Landsman, M. Lang, C. Williams. 2012. Are IFRS-based and US GAAP-based Accounting Amounts Comparable?［J］. Journal of Accounting and Economics, 54 (1): 68 – 93.

［95］Mary E. Barth. 2013. Global Comparability in Financial Reporting: What, Why, How, and When?［J］. Accounting Research, 1 (1): 2 – 12.

［96］A. Beatty, K. Ramesh, J. Weber. 2002. The Importance of Accounting Changes in Debt Contracts: the Cost of Flexibility in Covenant Calculations［J］. Journal of Accounting & Economics, 33 (2): 205 – 227.

［97］M. T. Bradshaw, G. S. Miller, G. Serafeim. 2011. Accounting Method Heterogeneity and Analysts' Forecasts［Z］. Working Paper.

［98］M. T. Bradshaw, S. A. Richardson, R. G. Sloan. 2006. The Relation between Corporate Financing Activities, Analysts' Forecasts and Stock Returns［J］. Journal of Accounting and Economics, 42 (1 – 2): 53 – 85.

［99］F. Brochet, A. D. Jagolinzer, E. J. Riedl. 2013. Mandatory IFRS Adoption and Financial Statement Comparability［J］. Contemporary Accounting Research, 30 (4): 1373 – 1400.

[100] Bruggeman, U. , J. Hitz, T. Sellhorn. 2013. Intended and Unintended Consequences of Mandatory IFRS Adoption: A Review of Extant Evidence and Suggestions for Future Research [J]. European Accounting Review, 22 (1): 1 – 37.

[101] Bushman, R. , Q. Chen, E. Endel, A. Smith. 2004. Financial Accounting Information, Organizational Complexity and Corporate Governance Systems [J]. Journal of Accounting and Economics, 37 (2): 167 – 201.

[102] V. Capkun, D. W. Collins, T. Jeanjean. 2011. Does Adoption of IAS/IFRS Deter Earnings Management? [J]. SSRN Electronic Journal.

[103] L. G. Chasteen. 1971. An Empirical Study of Differences in Economic Circumstances as a Justification for Alternative Inventory Pricing Methods [J]. The Accounting Review, 46 (3): 504 – 508.

[104] J. Chen, H. Hong, J. C. Stein. 2001. Forecasting Crashes: Trading Volume, Past Returns, and Conditional Skewness in Stock Prices [J]. Journal of Financial Economics, 61 (3): 345 – 381.

[105] H. B. Christensen, E. Lee, M. Walker. 2009. Do IFRS Reconciliations Convey Information? The Effect of Debt Contracting [J]. Journal of Accounting Research, 47 (5): 1167 – 1199.

[106] R. H. Coase. 1937. The Nature of the Firm [J]. Economica New Series, 4 (16): 386 – 405.

[107] D. Dan, J. S. Judd, M. Serfling, S. Shaikh. 2016. Customer Concentration Risk and the Cost of Equity Capital Research Article [J]. Journal of Accounting and Economics, 61: 23 – 48.

[108] H. Daske, L. Hail, C. Leuz, R. Verdi. 2008. Mandatory IFRS Reporting around the World: Early Evidence on the Economic Consequences [J]. Journal of Accounting Research, 46 (5): 1085 – 1142.

[109] De Fond, M. , Hu, X. , Hung, M. , Li, S. 2011. The Impact of

Mandatory IFRS Adoption on Foreign Mutual Fund Ownership: The Role of Comparability [J]. Journal of Accounting and Economics, 51 (3): 240 –258.

[110] G. De Franco, S. P. Kothari, R. S. Verdi. 2011. The Benefits of Financial Statement Comparability [J]. Journal of Accounting Research, 49 (4): 895 –931.

[111] R. A. Dye, S. S. Sridhar. 2008. A Positive Theory of Flexibility in Accounting Standards [J]. Journal of Accounting and Economics, 46 (2): 312 –333.

[112] R. A. Dye, R. E. Verrecchia. 1995. Discretion vs. Uniformity: Choices among GAAP [J]. The Accounting Review, 70 (3): 389 –415.

[113] D. Easley, M O'Hara. 2004. Information and the Cost of Capital [J]. The Journal of Finance, 59 (4): 1553 –1583.

[114] X. Fang, Y. Li, B. Xin, W. Zhang. 2016. Financial Statement Comparability and Debt Contracting: Evidence from the Syndicated Loan Market [J]. Accounting Horizons, 30 (2): 277 –303.

[115] G. A. Feltham, J. A. Ohlson. 1995. Valuation and Clean Surplus Accounting for Operating and Financial Activities [J]. Contemporary Accounting Research, 11 (2): 689 –731.

[116] Florou, Annita, Pope, F. Peter. 2012. Mandatory IFRS Adoption and Institutional Investment Decisions [J]. Accounting Review, 87 (6): 1993 –2025.

[117] T. D. Flynn. 1965. Uniformity in Financial Accounting: A progress Report [J]. Law & Contemporary Problem, 30 (4): 623 –636.

[118] R. Frankel, X. Li. 2004. Characteristics of a Firm's Information Environment and the Information Asymmetry between Insiders and Outsiders [J]. Journal of Accounting and Economics, 37 (2): 229 –259.

[119] J. Francis, R. LaFond, P. Olsson, K. Schipper. 2005. The Market Pricing of Accruals Quality [J]. Journal of Accounting and Economics, 39 (2):

295 – 327.

[120] J. R. Francis, M. Pinnuck, O. Watanabe. 2014. Auditor Style and Financial Statement Comparability [J]. The Accounting Review, 89: 605 – 633.

[121] K. R. French, G. W. Schwert, R. F. Stambaugh. 1987. Expected Stock Returns and Volatility [J]. Journal of Financial and Economics, 19: 3 – 29.

[122] W. R. Gebhardt, C. M. C. Lee, B. Swaminathan. 2001. Toward an Implied Cost of Capital [J]. Journal of Accounting Research, 39 (1): 135 – 176.

[123] C. A. Gleason, N. T. Jenkins, W. B. Johnson. 2008. The Contagion Effects of Accounting Restatements [J]. Accounting Review, 83 (1): 83 – 110.

[124] E. T. D. George, X. Li, L. Shivakumar. 2016. A Review of the IFRS Adoption Literature [J]. Review of Accounting Studies, 21 (3): 898 – 1004.

[125] M. M. Hasan, M. Hossain, A. Cheung, 2015, Corporate Life Cycle and Cost of Equity Capital [J]. Social Science Electronic Publishing, 11 (1): 46 – 60.

[126] P. M. Healy, K. G. Palepu. 1990. Effectiveness of Accounting-based Dividend Covenants [J]. Journal of Accounting and Economics, 12 (1 – 3): 97 – 123.

[127] D. Herrmann, S. M. Saudagaran, W. B. Thomas. 2006. The Quality of Fair Value Measures for Property, Plant, and Equipment [J]. Accounting Forum, 30 (1): 43 – 59.

[128] R. W. Holthausen, R. W. Leftwich. 1983. The Economic Consequences of Accounting Choice Implications of Costly Contracting and Monitoring [J]. Journal of Accounting and Economics, 5 (2): 77 – 117.

[129] J. Horton, G. Serafeim, I. Serafeim. 2013. Does Mandatory IFRS Adoption Improve the Information Environment? [J]. Contemporary Accounting Research, 30 (1): 388 – 423.

[130] H. A. Hong. 2013. Does Mandatory Adoption of International Finan-

cial Reporting Standards Decrease the Voting Premium for Dual-class Shares? [J]. Accounting Review, 88 (4): 1289 –1325.

[131] A. P. Hutton, A. J. Marcus, H. Tehranian. 2009. Opaque Financial Reports, R2, and Crash Risk [J]. Journal of Financial Economics, 94 (1): 67 –86.

[132] K. Jamal, H. T. Tan. 2010. Joint Effects of Principles-Based versus Rules-Based Standards and Auditor Type in Constraining Financial Managers' Aggressive [J]. The Accounting Review 85 (4): 1325 –1346.

[133] G. Kang, J. W. Lin. 2011. Effects of the Type of Accounting Standards and Motivation on Financial Reporting Decision [J]. Journal of Accounting-Business & Management, 18 (2): 84 –104.

[134] T. F. Keller. 1965. Uniformity versus Flexibility: A Review of the Rhetoric [J]. Law and Contemporary Problems, 30 (4): 637 –651.

[135] J. B. Kim. 2016. Accounting Flexibility and Managers' Forecast Behavior Prior to Seasoned Equity Offerings [J]. Review of Accounting Studies, 21: 1 –40.

[136] J. B. Kim, L. Li, L. Y. Lu, Y. Yu. 2016. Financial Statement Comparability and Expected Crash Risk [J]. Journal of Accounting and Economics, 61 (2 –3): 294 –312.

[137] J. B. Kim, Y. Li, L. Zhang. 2011. CFOs versus CEOs: Equity Incentives and Crashes [J]. Journal of Financial Economics, 101 (3): 713 –730.

[138] S. Kim, P. Kraft, S. G. Ryan. 2013. Financial Statement Comparability and Credit Risk [J]. Review of Accounting Studies, 18 (3): 783 –823.

[139] J. B. Kim, J. S. L. Tsui, C. H. Yi. 2011. The Voluntary Adoption of International Financial Reporting Standards and Loan Contracting Around the World [J]. Review of Accounting Studies, 16 (4): 779 –811.

[140] M. Lang, M. Maffett, E. Owens. 2010. Earnings Co-movement and

Accounting Comparability: The Effects of Mandatory IFRS Adoption [R]. Working Paper.

[141] M. Lang, J. S. Raedy, W. Wilson. 2006. Earnings Management and Cross Listing: Are Reconciled Earnings Comparable to US Earnings? [J]. Journal of Accounting and Economics, 42 (1 – 2): 255 – 283.

[142] S. Li. 2010. Does Mandatory Adoption of International Financial Reporting Standards in the European Union Reduce the Cost of Equity Capital? [J]. Accounting Review, 85 (2): 607 – 636.

[143] Q. Liao, T. Sellhorn, H. A. Skaife. 2011. The Cross-Country Comparability of IFRS Earnings and Book Values: Evidence from France and Germany [J]. Journal of International Accounting Research, 11 (1): 155 – 184.

[144] S. Lilien, V. Pastena. 1982. Determinants of Intramethod Choice in the Oil and Gas Industry [J]. Journal of Accounting and Economics, 4 (2): 145 – 170.

[145] T. Lys, S. Sohn. 1990. The Association between Revisions of Financial Analysts' Earnings Forecasts and Security-price Changes [J]. Journal of Accounting and Economics, 13: 341 – 363.

[146] F. Modigliani, M. H. Miller. 1963. Corporate Income Taxes and the Cost of Capital: A Correction [J]. American Economic Review, 53 (3): 433 – 443.

[147] S. C. Myers, N. S. Majluf. 1984. Corporate Financing and Investment Decisions: When Firms Have Information that Investors Do Not Have [J]. Journal of Financial Economics, 13 (2): 187 – 221.

[148] M. Neel. 2016. Accounting Comparability and Economic Outcomes of Mandatory IFRS Adoption [R]. Working Paper.

[149] N. Ozkan, Z. Singer, H. You. 2012. Mandatory IFRS Adoption and the Contractual Usefulness of Accounting Information in Executive Compensation

[J]. Journal of Accounting Research, 50 (4): 1077 - 1107.

[150] J. A. Pittman, S. Fortin. 2004. Auditor Choice and the Cost of Debt Capital for Newly Public Firms [J]. Journal of Accounting and Economics, 37 (1): 113 - 136.

[151] R. W. Rentfro. 2000. The Role of Professional Judgment in the Application of U. S. Accounting Standards: An Experimental Study of the Effect of Professional Judgment on Financial Reporting Decision of Accountants [M]. Florida Atlantic University Press.

[152] W. Schuetze, SA Zeff. 1978. The Rise of Economic Consequences [J]. Journal of Accountancy, (12): 56 - 63.

[153] J. K. Shank, R. M. Copeland. 1973. Corporate Personality Theory and Changes in Accounting Methods: An Empirical Test [J]. The Accounting Review, 46 (3): 494 - 501.

[154] N. Shroff. 2016. Corporate Investment and Changes in GAAP [J]. Review of Accounting Studies, 11 (15): 1 - 63.

[155] S. Sunder. 2010. Adverse Effects of Uniform Written Reporting Standards on Accounting Practice, Education, and Research [J]. Journal of Accounting and Public Policy, 29 (2): 99 - 114.

[156] A. P. Sweeney. 1994. Debt-covenant Violations and Managers' Accounting Responses [J]. Journal of Accounting and Economics, 17 (3): 281 - 308.

[157] H. Tan, S. Wang, M. Welker. 2011. Analyst Following and Forecast Accuracy after Mandated IFRS Adoptions [J]. Journal of Accounting Research, 49 (5): 1307 - 1357.

[158] C. Wang. 2014. Accounting Standards Harmonization and Financial Statement Comparability: Evidence from Transnational Information Transfer [J]. Journal of Accounting Research, 52 (4): 955 - 992.

[159] S. Wang, M. Welker. 2011. Timing Equity Issuance in Response to

Information Asymmetry Arising from IFRS Adoption in Australia and Europe [J]. Accounting Review, 88 (4): 1459 – 1488.

［160］ R. L. Watts, J. L. Zimmerman. 1990. Positive Accounting Theory: A Ten Year Perspective [J]. Accounting Review, 65 (1): 131 – 156.

［161］ R. W. Y. Yip, D. Young. 2012. Does Mandatory IFRS Adoption Improve Information Comparability? [J]. Journal of Accounting Research, 49 (1): 257 – 307.

［162］ G. Zhang. 2013. Accounting Standards, Cost of Capital, Resource Allocation and Welfare in a Large Economy [J]. Accounting Review, 88 (4): 1459 – 1488.